〝持てる力〟を出せる人の心の習慣

植西 聰

青春新書
PLAYBOOKS

はじめに

すぐれた能力を持ちながら、その能力を発揮できないまま終わってしまう人がいます。
一方で、自分が持っている力を最大限に発揮して抜群の成果を上げて、大活躍する人もいます。

これは、アスリートなどを見ていても、よくあることです。
能力があり、周囲から大きな期待を集めながら、その能力を出し切れずに、あまり活躍できないまま引退してしまう選手がいます。一方で、飛び抜けた才能があるわけではなく、あまり期待されている存在ではなかったにもかかわらず、自分の持つ能力を最大限に出し切って活躍する選手もいます。

仕事でも勉強でも、同じです。

能力がありながら、力を出し切れない人がいる一方で、才能には恵まれていないにもかかわらず、持てる限りの力を出し切って、思いがけない成果を出す人もいるのです。

それでは、この両者の違いは、どこにあるのでしょうか。

「意識の持ち方」に大きな違いがあるように思います。

持てる力を出し切ることができる人は、ポジティブなのです。仕事や人生について、前向きで、楽天的で、いつもいいイメージを持っています。

そのようなポジティブシンキングが、自分が持っている能力を上手に引き出していくことに非常に有効に働くのです。

一方で、せっかくすばらしい能力がありながら、その力を出し切れないタイプの人は、ネガティブな考え方に縛られてしまっている場合が多いのです。

何事にも後ろ向きで、悲観的に物事を考えてしまいます。

そのために、持っている力を出し切る前に、物事をあきらめてしまうのです。

また、自分に自信がないために、すばらしい能力を持っていることをその人自身が気づいていない場合もあります。

本書では、どのようにして意識の持ち方を変えていけばいいか、気持ちを前向きにし、いいイメージで頭の中を一杯にして生きていくためにはどうすればいいか、ということを第一のテーマとしています。

それが、そのまま「持てる力を出し切る」ということのコツになり、充実した人生につながっていくと考えるからです。

植西 聰

もくじ

2章 変化に上手に適応できる力を養う

3章 プレッシャーの楽しみ方を知る

4章 「やる気が出ない」を乗り越えるヒント

5章 力が出てくる「自分の変え方」

6章 メンタルを強めることで、あきらめない人になれる

7章

「プラスのイメージ」が集中力を高める

8章

「今」に集中すると好調がつづく

本文写真　Vernonwiley/iStock
本文デザイン・ＤＴＰ　佐藤　純（アスラン編集スタジオ）

1章

なぜ「すでに自分が持っている力」を出せないことがあるのか

強い意識を持つことで、100パーセント発揮できる

自分が「持っている力」を100パーセント発揮して、仕事でも、プライベートの生活でも大活躍できる人がいます。

一方で、すばらしい能力を持ちながら、その力を十分に発揮できずに、残念な結果しか得られない人もいます。

せっかくいい能力を持っていながら、それを100パーセント発揮できないのであれば、それは「宝の持ち腐れ」です。

とても不幸なことだと思います。

言い換えれば、自分が持っている力を100パーセント発揮してこそ、充実した、幸せな人生を実現できるとも言えるのです。

では、どうすれば自分が持っている力を100パーセント発揮できるようになるのかと言えば、その方法の一つに「モチベーションを高める」ということが挙げられます。

「モチベーション」とは、「人が行動を起こす時の動機」のことです。

「これをしたい」「これを成し遂げなければならない」という意識を持つことです。

つまり、自分が持っている力を１００パーセント発揮するには、その本人の意識の持ち方が非常に大切なのです。


自分が持っている能力を十分に発揮できないという人は、「これをしたい」「これを成し遂げる」という意識が弱いのではないかと思います。

意識の持ち方が弱いために、行動力が出ず、持っている能力を発揮できないのではないかと思います。

そこでまず、仕事など何かを始めようとする時には、「私は、これをしたいんだ」「これを成し遂げて、成功するんだ」という強い意識を持つことが大切です。

いわば、自分自身に気合いを入れるのです。そうすることで、強い行動力も生まれます。その結果、持っている能力を１００パーセント発揮することもできるのです。

１００パーセントの能力を発揮するためには、**自分が持っている能力と、自分が作り出す意識というものが関連している**ということを理解してほしいのです。

「内的動機付け」を高める工夫をする

心理学に、「動機付け」という言葉があります。

この「動機付け」には、「目標に向かって、やる気を起こさせる心理的な過程」という意味があります。

もっとわかりやすく言えば、「自分をやる気にさせる。自分をその気にさせる」ということです。

心理学では、この「動機付け」が強いほど、自分が持っている能力を十分に発揮できる、と言われています。

この「動機付け」には、「内的動機付け」と呼ばれるものと、「外的動機付け」と呼ばれるものがあります。「内的動機付け」とは、「自分自身の心から、『これをやりたい』『これをぜひ成し遂げたい』という意欲を持つ」ということです。

一方で、「外的動機付け」とは、「人から『これをしなさい』『この目標を達成しなさい』

と命じられてやる」ということです。

そして、「内的動機付け」のほうが強い動機付けとして働くのです。

つまり、本心から「これをやりたい」「これをぜひ成し遂げたい」という意欲を持つということが、自分が持っている力を十分に発揮するために大切だということです。

人から「やりなさい」と命じられることばかりをやっている、という人は、自分が持っている力を十分に発揮できない場合が多いのです。

もちろん、会社などでは、上司や取引先などから命じられて仕事をしなければならないことも多いと思います。

しかし、そのような環境の中でも、自分なりにその仕事にやりがいを見つけ出したり、自分ならではのアイディアを生かしていくことで、「内的動機付け」を高めていくことは可能なのです。

そうすれば、自分の力を十分に発揮して、周りの人たちから高い評価を得ることもできるのです。

意識の持ち方を変えると「やる気」が生まれる

たとえば、会社で、ある仕事を命じられたとします。

その仕事は非常に面倒で、また、苦労が多いものだったとします。

このようなケースでは、一般的に、「こんな仕事、やりたくない」という気持ちになる人もいるでしょう。

しかし、嫌々ながらするのでは、自分の能力を十分には発揮できないと思います。仕事の結果も良いものにはならないでしょう。周囲からの評価も落ちてしまうことになります。

そうならないために大切なことは、「意識の持ち方を変える」ということです。

つまり、「面倒で苦労が多い仕事を、やらされている」と考えるのではなく、「私は上司から信頼されている。信頼しているからこそ、このような仕事を私に任せようとした」と考えてみるのです。

そのようなポジティブな意識を持つことで、「上司の信頼に応えたい。いい仕事をして、高い評価を得たい」という内的動機付けが高まるのです。

「上司の命令だから、嫌だけど文句を言わずに、やらなければならない」と考えるのは、「外的動機付け」です。

これを、意識の持ち方を変えることによって、強い「内的動機付け」へと変えていくこともできるのです。

そして、この内的動機付けが高まれば、自分の持っている能力を100パーセント出し切ることができます。

そうなれば、たとえ「面倒で苦労が多い仕事」だったとしても、それをやり遂げた後には、大きな充実感と満足感が生まれます。

また、**その充実感と満足感が、次の仕事へのやる気を作り出していくのです。**

そこに好循環が生まれます。一つの仕事をやり遂げた充実感と満足感が新たな意欲を作り出し、次の仕事がどのような仕事であっても、前向きに取り組んでいけるようになるのです。

その結果、自分という人間が大きく成長していきます。

「内的」と「外的」を、上手に組み合わせる

自分が持っている力を十分に発揮するためには、「意識の持ち方」が大切です。どのようにして「内的動機付け」と呼ばれる意識を高めていくかが大切になってきます。

しかし、「内的動機付け」だけでは、強い意欲ややる気は生まれてきませんし、自分の力を100パーセント発揮できない人もいます。

強い意欲ややる気を生み出し、自分の力を十分に発揮するためには、もちろん、第一に、強い内的動機付けを持つことが大切ですが、それに加えて**バランスよく外的動機付けを組み合わせていくことも大切なのです。**

それでは、「内的動機付け」と「外的動機付け」には具体的にどのようなものがあるのかまとめておきます。まずは、「内的動機付け」です。

「目標を達成して、充実感を得たい」

「いい仕事をすることを通して、人間的に成長したい」

「仕事を通して、自己実現をはかりたい」

「困難を乗り越えて、自分への自信を持ちたい」

「誰もやっていない画期的なことを成し遂げたい」

など、このような内面から生まれてくる動機が、「内的動機付け」です。

一方で、「外的動機付け」とは、次のようなものです。

「成功者になって、たくさんの収入を得たい」

「いい成果を出して、出世して、高い地位を得たい」

「がんばって、みんなから尊敬される存在になりたい」

「外的動機付け」には、「誰かに命じられる」ということばかりではなく、「収入」「出世」「名声」などという外的要因を励みにして意欲を高めるということも含まれます。

つまり、「内的動機付け」と「外的動機付け」をバランス良く組み合わせるとは、たとえば、「誰もやっていない画期的なことを成し遂げたい」という内的な気持ちを持ちながら、画期的なことを実現することで「収入をアップし、人に認められたい」という野心を同時に持っておくことなのです。

そうすることで、さらに一層意欲が高まり、自分の能力を発揮できます。

目標や夢を一つに絞ると折れやすくなる

人生や仕事の目標や夢を、一つだけに絞ることはありません。

むしろ、複数の目標や夢をバランス良く組み合わせて持っておくことが大切です。

これも、「力を１００パーセント発揮する」ための大切なコツになります。

たとえば、「とにかく収入を増やしたい。たくさんのお金を得たい」という目標を達成するためだけに仕事にがんばっていた人がいたとします。

「給料を増やし、たくさんのボーナスをもらいたい」という気持ちから、全力を出し切って日々の仕事に努力しているのです。

もちろん、一生懸命になってがんばれば、その分収入が増えていくのが普通だと思います。しかし、その時々の状況の変化によって、自分の望み通りの収入が得られない場合も現実的にはあります。

たとえば、景気が低迷して会社の業績が悪化したために、その人自身とすればがんばって好業績を出したのにもかかわらず、収入が増えないこともあります。

そのようなケースに直面すると、「収入を増やす」ということだけを唯一の目標にしてがんばってきた人は、そこで大きな失望を感じてしまうことになるのです。

そして、「がんばっても収入が増えないなら、全力を出し切るのは損だ」と、持っている能力をセーブするようになってしまうのです。

その結果、結局は、その人自身の成長はそこでストップすることになります。

それは、人生にとってマイナスなことだと思います。このようなことにならないためにも、目標や夢は複数組み合わせて持っておくほうがいいのです。

もちろん、「収入を増やしたい」ということを目的にすることは悪いことではありません。

しかし、人生の目標や夢を、それ一つに絞ってしまうのではなく、

「この仕事を通して、人間的に成長したい」

「いい仕事をして、世の中に貢献したい」

といった目標や夢も合わせて持っておくのです。

そうしておけば、望み通りの収入が得られなかったとしても、そこでやる気を失うことはありません。気持ちを入れ替えて、前向きに生きていくことができるのです。

「自分の目標」が、全力で生きる力を与えてくれる

伊藤ハム創業者の伊藤伝三（でんぞう）は、「どん底の生活に入っても、自分の目標を持っていれば必ず立ち上がれる」と述べました。

仕事でも人生でも色々なことがあります。予想していなかったアクシデントに見舞われることもあれば、逆境におちいる時もあります。全力を出しても、どん底へ突き落とされるような経験をする時もあるのです。そのような経験をすれば、落ち込んだり、自分に自信を失ったりすることになります。

そして、「全力を出して努力しても、こんなことになるなら、バカらしい」という気持ちになってしまうかもしれません。

しかし、そのような時であっても、「私は、こういう目標を持って生きている」というものがあれば、気持ちを立て直して、「また全力で、一生懸命生きていこう」という前向きな気持ちも生まれてくるのです。

そういう意味で、「自分の目標を持って生きていくことが、いかに大切か」ということを、伊藤伝三はこの言葉で指摘しているのです。

もちろん「自分の目標」は複数あってもいいのです。

「私にしかできない画期的な仕事をしたい」

「40歳までに課長に昇進する」

そのような仕事の面での目標とは別に、プライベートの生活面でも、たとえば、

「家族を幸せにする」

「子供を立派に育てる」

といった目標を作っておきます。

そのような「自分の目標」の一つ一つが、どん底から立ち上がる力を与えてくれます。

「こんなことに負けずに、一生懸命に生きていこう」と、立ち直る力を与えてくれるのです。

そういう意味から、「自分なりの目標を持って生きていく」ということは、充実した人生を作り上げていく上で、とても大切な要素の一つなのです。

目標がない人は、生きることに、そのような力強さを発揮できないのです。

今の能力に見合った目標を

仕事や人生などで、「自分の目標」を持つことが、「持てる力を十分に出し切る」ということにつながります。

しかし、この「目標の立て方」には、注意してほしいことが一つあります。

それは、「今の自分の能力に比べて高すぎる目標を設定しない」ということです。

営業の仕事で、平均すると、毎月１００万円の業績を出していた人がいます。

その人が、いきなり、「私は今月、１０００万円の業績を目標にしてがんばります」と宣言しても、難しいでしょう。「高すぎる目標」になってしまう可能性があるからです。

目標を持って、それに向かって努力していくことは大切です。

しかし、「高すぎる目標」を設定してばかりいると、結局は、その目標まで届かずに失敗を繰り返してしまうことになりがちです。

そのために自信を失い、がんばる意欲を失っていくことにもなります。「がんばっても、どうせまた無理なのだから、バカらしい」という気持ちになってしまうのです。

そうならないために大切なことは、「自分の今の能力に見合った目標を設定する」ということです。

ここで挙げた事例に即して言えば、たとえば、「110万円」の業績を出すことを目標にします。

それは、その人にとって、今までよりも少しがんばれば十分に手が届く目標です。

従って、達成できる可能性も高まるのです。

そして、その目標を達成できれば、それが自信になります。

その自信が、「来月もまた全力でがんばろう」という意欲を作り出します。

そこで、また、目標を少し上げて、「今度は120万円の業績を出そう」と考えます。

そのようにして十分に達成可能な目標を少しずつ上げていくことが、コンスタントに自分の力を出し切っていくコツになります。

自信を今日から育てられる方法

自分が持っている力を１００パーセント出し切るには、「自信を持つ」ということが非常に大切な要素になります。

「私なら、できる」という強い自信を持つことです。

自分に自信がないと、「どうせダメだ」「私には無理だ」というネガティブな気持ちになってしまいがちです。

最初から「どうせダメだ」「私には無理だ」という気持ちでいれば、もう全力で物事にあたることなど不可能になります。

努力しても「どうせダメだ」「私には無理だ」と思えてしまうことに対しては、人はやる気をなくして力を抜いてしまうものなのです。

強い自信があってこそ、自分が持っている力を十分に発揮できるのです。

アメリカの思想家だったラルフ・ワルド・エマーソンは、「自信は成功の第一の秘訣である」と述べました。

自信を持ってこそ、全力を尽くして物事を成し遂げることができます。

全力で物事に当たれば、当然、すばらしい結果が出る可能性があります。

従って、エマーソンは、自信を持って物事に当たることは「成功の第一の秘訣である」と指摘したのです。

では、どのようにして、そのような強い自信を作り上げていけばいいのかと言えば、その方法の一つは「小さな成功体験を積み上げていく」ということだと思います。

たとえば、**一日の始まりに、「今日は、このことを成し遂げる」という目標を掲げます。**

そして、目標にしたことをやり遂げることに全力を挙げます。

その目標をやり遂げることができれば、それは「小さな成功体験」になります。そこに「小さな自信」が生まれるのです。

その「小さな成功体験」「小さな自信」を一日一日積み上げていくのです。

そうすれば、やがて「大きな成功体験」「大きな自信」へと育っていくのです。

このように、一日の生活の中で、「これをやる」というものを決めて、確実にそれをやり遂げていくことが、強い自信へとつながっていくのです。

楽天的に考えなければ「今」に集中できない

自分が持っている本来の力を出し切るためには、「楽天的になる」ということが大切です。もちろん仕事や日常生活の中で心配事や悩み事はあると思いますが、あまり気にせずに「たぶん、うまくいくだろう」と楽天的に考えていくのです。

心配事や悩み事があまりに大きくなりすぎると、心のエネルギーが浪費されます。心のエネルギーが浪費されると、強い行動力も失われていくことになります。自分が持っている能力を十分に発揮することができなくなるのです。

従って、心配事や悩み事があまりに大きくならないように、どんな時でもなるべく楽天的に物事を考えていくように心がけていくことが大切です。

オーストリアの精神科医で心理学者だったアルフレッド・アドラーは、**「楽天的であれ。過去を悔やむのではなく、未来を不安視するのでもなく、今現在の『ここ』だけを見る」**

と述べました。

過去の失敗を悔やんでばかりいると、そのために自分の将来が不安に思えてきます。「この先、私の人生には、いいことなどないだろう」と悲観的な気持ちになってしまうのです。その結果、今、やらなければならないことに、全力を出し切ることができなくなります。

従って、「どうにかなる。きっと、うまくいく」と、楽天的に考えるようにしていくことが大切なのです。

楽天的に考えることで、過去を悔やむ気持ちが弱まります。将来を必要以上に不安に思うこともなくなります。そうなってこそ、今現在やらなければならないことに全力を出し切って集中できるようになるのです。

このアドラーの言葉にある「今現在の『ここ』だけを見る」とは、言い換えれば、「今現在やらなければならないことに全力を出し切る」ということです。

そして、そのように全力を出し切るには、「楽天的であれ」と、アドラーはアドバイスしているのです。

「鋭いトゲ」ではなく、「美しい花」へ意識を向ける

どんな逆境でも悲観的に受け取るのではなく、楽天的に、前向きに理解するようにすることが大切です。

それが、「自分の持てる力を出し切る」という生き方につながります。

たとえば、会社で、上司から叱られたとします。

その時に、「私は能力がないダメな人間だ。上司から見捨てられるだろう」と悲観的に考えてしまったら、もう全力で仕事をすることなどできなくなるのです。

一方で、このようなケースでは、「上司は、私に期待してくれるからこそ、厳しく叱ってくれるんだ。叱られたことで、いい勉強になった。そういう意味では、叱ってもらって、ありがたかった」と、楽天的に考えることもできます。

そして、このように楽天的に、前向きに考えることができれば、「上司の期待に応えられるよう、全力でがんばっていこう」という意欲が生まれます。

その熱い意欲が、自分が持っている能力を引き出してくれるのです。

あらゆる物事には、ネガティブな面と、ポジティブな面があります。そのポジティブ面を常に見ていこうという意識を持つことが、楽天的に物事を考えるコツです。


現在のトルコに生まれ、アメリカで活躍した詩人のカリール・ジブラーンは、「楽天的な人は、バラの美しい花を見て、トゲは見ない。悲観的な人は、トゲばかりじっと見つめているうちに、美しいバラの花の存在を忘れてしまう」と述べました。

バラは、美しい花を咲かせます。しかし、バラには、鋭いトゲがあります。

この言葉にある「美しい花」とは、つまり、「物事のポジティブな面」の比喩(ひゆ)なのです。

そして、「トゲ」とは、「物事のネガティブな面」を意味しています。

従って、ジブラーンは、**楽天的な人は「美しい花」、つまり「物事のポジティブな面」を見るように意識している、**と言っているのです。

一方で、**悲観的な人は、「トゲ」、つまり「物事のネガティブな面」ばかりに意識を奪われて、「物事のポジティブな面」へ意識を向けることを忘れてしまう、**ということです。

楽天的に考える人は、チャンスを大きく広げられる

次のような有名な話があります。

二人の靴のセールスマンがいました。二人は、それぞれ、楽天的な考え方をする人と、悲観的な考え方をしてしまう人でした。

この二人が、アフリカの奥地に靴の営業に行くことになりました。

一週間後、本社に、悲観的なセールスマンから電話がかかってきて、上司に、「先行きは非常に暗い。この辺りの人々には靴を履く習慣がありません」と、報告しました。

「悲観的なセールスマン」は、「この辺りの人々には靴を履く習慣がないから、売れるはずがない」と、思い込んでしまったのです。

物事をとかく悲観的に考えてしまうタイプの人は、その時点でやる気を失ってしまい、自分が持っている能力を出し切ることはできないでしょう。

そのすぐ後、楽天的なセールスマンからも、本社に電話がかかってきて、「先行きは非常に明るい。この辺りの人々は、まだ誰も靴を履いていません」と、上司に報告しました。「楽天的セールスマン」は、「この辺りの人々は、まだ誰も靴を履いていないから、利便性をわかってもらえれば、飛ぶように売れるだろう」と楽天的に考えることができたのです。実際に彼はその地で大成功をおさめたのです。

この話は、「仕事というものは、楽天的な意識を持ってあたることが大切だ。それが成功のコツになる」ということを示しています。

楽天的に考えることができるタイプの人は、仕事に全力を尽くしてあたることができるでしょう。そして、実際に、すごい成果を出すこともできます。

同じ条件の中でも、そこに楽天的な視点を持つことができれば、前向きな力を出すことができます。そして、成功のチャンスを広げていくことができるのです。

1章のまとめ

◇「モチベーション」は「やる気が起こるかどうかについての、その日の気分」といった意味ではなく、「私はこれをしたいんだ！」という強い意識のこと。これがあるから行動力が生まれる。

◇ 動機付けは「内的＞外的」。しかし「言われたからやらなきゃいけないこと」の中に「内的動機付け」を見出すことはできる。バランスよく組み合わせるとモチベーションが高まる。

◇ はじめは嫌なことも、意識の持ち方で「内的動機付け」に変えられる。

◇ 目標はいくつか合わせて持っておくと、折れにくい。

◇ 欲張らずに「今より少し上」の目標にするのが結局は近道になる。

◇「私ならできる」という強い自信があってこそ、力を発揮できる。

◇ 楽天的になると、後悔や不安にとらわれず、目の前のことに集中できる。

memo

2章

変化に上手に適応できる力を養う

変化への「適応力」＝生き残る力

現代は、変化が激しい時代です。

特に、ビジネスを取り囲む環境は日々大きく変化しています。

そのような変化の激しい時代にあって、自分が持っている能力を出し切り、仕事で活躍していくためには、「上手に変化に適応していく」という能力を身につけていくことが大切です。そのような適応力を持っていてこそ、厳しいビジネス社会の中で生き残っていけるのです。

イギリスの自然科学者に、チャールズ・ダーウィンがいます。「進化論」の提唱者として有名です。ダーウィンは、「**生き残る種というのは、最も強いものでもなければ、最も知能の高いものでもない。変わっていく環境に最も適応できる種が生き残る**」と述べました。

地球の長い歴史の中で、進化の過程で、生き残ることができずに滅んでいった生物がたくさんいます。

そのように滅んでいった生物は、「弱い生物」でもなければ、「知能が低い生物」でもありませんでした。

むしろ、「強く、知能が高い生物」であっても滅んでいったものは多いのです。

では、どのような生物が現在まで生き残ったかと言えば、「変わっていく環境に最も適応できる生物だった」と、ダーウィンは指摘するのです。

ビジネスの世界でも、これと同じことが言えるのではないでしょうか。

ビジネスの世界で生き残り、長く活躍していく人というのは、必ずしも「体力があり、また、高い知性がある」という人ではありません。

それよりももっと大切なのは、変化するビジネス環境に適応する力なのです。

どのように環境が変化したとしても、その新しい環境にすぐに適応していける人なのです。

そのような適応力がない人は、環境が変わったことがきっかけで、そこで活躍できなくなってしまうことも多いのです。

人生に成功するには、どんなに環境が変わっても、新しい環境の中で力を発揮し、ずっと活躍できるような適応力を持つことが大切です。

適応力があるから、アドバイスを素直に聞ける

変化に上手に対応して、どのような新しい環境でも力を出し切っていくコツに、「人からのアドバイスに素直に耳を傾ける」ということが挙げられます。

次のような話があります。

今、日本のプロ野球から、アメリカの大リーグへ移籍する選手が多くいます。

世界最高レベルのリーグで、自分が持っている実力を試してみたいと思う選手が多いのです。

もちろん、持っている実力を大いに発揮して、大活躍する選手もいます。

しかし、一方で、実力をまったく発揮できずに終わってしまう人もいます。

どうして選手によって、そのような違いが出てくるかには様々な理由があると思いますが、その一つは「適応力」にあると言われています。

つまり、大リーグで活躍できる選手は、新しい環境への適応力があるのです。

日本のプロ野球で活躍していた選手でも、日本でのやり方をそのまま変えずに押し通すのでは、大リーグで活躍するのは難しいのです。

活躍するには、アメリカの野球の環境に適応するように工夫しなければなりません。その適応する力がある人が、成功するのです。

ある日本のプロ野球選手も大リーグへ移籍しました。

しかし、当初、本番のシーズンが始まる前のオープン戦（練習試合）では、ほとんどヒットもホームランも打てませんでした。

日本での方法が、アメリカでは通用しなかったのです。

その時、所属チームのコーチから、「アメリカの投手に対応するには、このようにバッティングフォームを変えるほうがいい」と、アドバイスを受けました。

彼がそのアドバイスを素直に聞き入れたところ、本番のシーズンが始まってからは、ヒットもホームランも打てるようになったのです。

適応力がある人は、このように、人からのアドバイスを素直に聞き入れることができるのです。

これからの社会で求められる人とは

今、会社が新入社員を採用する際、「適応力があるかどうか」ということが非常に大きな採用のポイントになっているようです。

変化の激しい現代では、従来のビジネスのやり方を続けているだけでは、生き残っていけません。新しいビジネスのやり方を生み出していかなければなりません。

また、以前よりも増して、海外へ積極的に出て行って、世界を相手にしたビジネスを繰り広げていかなければなりません。

大企業ばかりではなく、中小企業であっても、海外で勝負しなければならない時代になっています。

また、今後は、人工知能（ＡＩ）の発達によって、人の仕事のやり方も大きく変わっていくでしょう。

そのように劇的に変化していくビジネス環境に、上手に適応していく力がない人は生き残っていけないのです。

高い知性があり、才能もあり、すばらしい能力がある人であっても、この適応力がない人は、その持っている本来の力を発揮できないまま終わってしまうこともあるのです。

そうならないために大切なことの一つは、「固定観念にとらわれない」ということがあると思います。

この「固定観念」とは、「～でなければならない」「～に決まっている」「これが、世の中の常識だ」といった、決まりきった考え方にとらわれてしまうことです。

このような固定観念が強いタイプの人は、環境の変化にうまく適応できないのです。

新しい環境に上手に対応していくためには、この固定観念を捨てて、新しい環境に柔軟に合わせた考え方を取り入れていかなければなりません。

従って、いつも心を白紙にして新しい考え方ややり方を取り入れていく必要があるのです。そのような対応力がある人は、みずからが持っている知性や才能や能力を１００パーセント発揮して、どのような新しい環境の中でも活躍し続けることができるのです。

そのような変化に対応する力がある人が、今、社会から求められているのです。また、会社で有用な人物として期待されるのです。

学び続けると対応力が身につく

古代中国の思想家に、孔子（紀元前6〜5世紀）がいます。

この孔子は、**「学べば、すなわち固ならず」**と述べました。

この言葉にある「固」とは、「固定観念にとらわれて、決まりきった考え方しかできなくなる」ということです。

また、「頭が固くなって、柔軟なものの考え方ができなくなる」という意味です。

つまり、孔子は、「学ぶことによって、視野が広がり、柔軟なものの考え方ができるようになり、固定観念にとらわれることもなくなる」ということを指摘しているのです。

言い換えれば、人は一生「学ぶ」ということを忘れてはいけない、ということだと思います。

この「学ぶ」ということを忘れないで続けられる人が、時代の変化に対して柔軟に対応していけるのです。

そして、新しい環境に身を置こうとも、その中で自分が持っている力を十分に発揮して活躍できる、ということなのです。

では、「学ぶ」とは一体どのようなことなのかと言えば、たとえば、「本を読む」ということです。

幅広いジャンルの様々な本を読むことによって、「そういう考え方があるのか」と、目からウロコが落ちるような経験をすることもあります。

もちろん、新しい知識も得られます。つまり、視野が広がるのです。そして、柔軟に物事を考えていけるようになります。

講演会や勉強会で「人の話を聞く」ということも、「学ぶ」ということの一つだと思います。自分とは違った考え方をしたり、自分が経験したことがないことを知っている人の話を聞くことは、本を読むことと同様に、とても勉強になるのです。

色々なところに旅行して、珍しい風物や人の生き方に触れることも、ある意味、「学ぶ」ということにつながると思います。

旅行をして、そのような経験をすることも、自分の視野を広げ、考え方を柔軟にするためにとても役立つのです。

対応できれば失敗ではない

孔子は、「**過**（あやま）**ちて改めざる、これを過ちという**」と述べました。

仕事がうまくいかない。

努力しても、望むような業績が出ない。

業績が下がっていく傾向にある。

このような時には、素直に「今のやり方にどこか問題があるに違いない」と素直に反省して、柔軟にやり方を改めていく必要があります。

しかし、「うまくいかない」という状況に直面しながらも、まったく反省したり、今のやり方を変えることをしない人もいます。

そのようなことが、本当の意味で「過ち」であると、孔子はこの言葉で指摘しているのです。

「うまくいかない」という状況に直面したとしても、そこで反省し、柔軟にやり方を変えていくことができれば、それは「過ち」ではないのです。

そういう意味のことを、孔子は、この言葉で指摘しているのです。「うまくいかない」という状況に的確に対応していく力を養っておくことが大切なのです。

変化の激しい現代にあっては、これまでうまくいっていたやり方が、ある時から、うまくいかなくなる、ということがよくあります。

その場合には、その変化に合わせて、やり方も柔軟に変えていく必要があるのです。

「これまで、このやり方で大きな業績を出してきたのだから、これからも、このやり方をずっと続けていけばいいんだ」と、従来の方法に固執していたら、業績は悪化していくだけでしょう。

従って、変化に上手に対応しながら、これまでの仕事のやり方を柔軟に変えていくことが大切なのです。

そのような柔軟な対応力を持つ人が、持てる力を十分に発揮して、いつまでも活躍し続けることができるのです。

うまくいっても「変化に合わせる」を忘れない

人には、「過去の成功体験にとらわれてしまう」ということがあります。

そして、そのために時代の変化にうまく対応していけなくなる場合があります。

たとえば、あるビジネスで成功したとします。

すると、そこに、「このビジネスのやり方を続けていけば、将来的にずっとうまくいく」という考えが生まれてしまいます。

しかし、時代の変化は激しいのです。

1年前に成功したビジネスのやり方が、今年も通用するとは限りません。

従って、時代の変化に柔軟に対応しながら、そのビジネスのやり方に新しい創意工夫を加えていかなければならないのです。

それが、変化する時代の中で、自分が持っている力を十分に出し切っていくコツになります。

「成功から生まれる傲慢」という言葉もあります。

あるビジネスで成功すると、その成功者の中には、

「私は天才だ。何をやってもうまくいく」

「このやり方でうまくいったのだから、このやり方を変える必要などない」

「私ほど、ビジネスの能力にすぐれた人間はいない」

といった「傲慢な考え方」にとらわれてしまう人もいます。

そのようなタイプの人は、時代の変化に対応するために勉強したり、調査をしたり、あるいは今のやり方に創意工夫を加えていく、という努力をしなくなってしまうのです。

そのために、結局は時代の変化に乗り遅れて衰退していきます。結局は、運から見放されてしまうのです。

このように、成功経験のために傲慢になり、その結果、衰退していく、というケースは決して珍しくないようです。

そういう意味では、たとえ成功したとしても、謙虚な気持ちでいることが大切です。

謙虚な気持ちで、変化していく時代にうまく対応できるように、自分という人間を成長させていく努力をし続けることが大切です。

乗り越えようとする努力が、壁を越えさせる

仕事で「壁」にぶつかってしまうことがあります。

「自分としては一生懸命にがんばっているのに、思うような成果が出ない」

「ある問題が生じて、それをどうしても解決できない」

「予想していなかった状況に追い込まれ、そこから抜け出せない」

といったことです。

このような壁を乗り越えていくためにも「対応力」が必要になってきます。

壁にぶつかった時、それまでやってきた従来のやり方は通用しません。

今までのやり方が通用しないからこそ、「いったいどうすれば、この壁を乗り越えていけるのか」と思い悩んでしまうことになるのです。

その場合は、従来のやり方や、従来の常識や、固定観念といったものを捨て去って、新しい創意工夫をしていく必要があるのです。

そうやっているうちに、自分の頭で考え、色々なことを試していくことで、新しい知識やノウハウ、仕事の技術といったものを身につけていけます。

つまり、壁を乗り越えようと一生懸命努力していく過程で、その人が持つ能力は一層アップしていくのです。

従って、壁にぶつかってしまうことを、あまりネガティブに考えないほうがいいと思います。むしろ、「壁にぶつかることは、私がさらに成長するためのチャンスになる」と、ポジティブに考えておくほうがいいでしょう。

ポジティブに考えてこそ、前向きに、意欲的に立ち向かっていけます。

西洋には、**「あらゆる壁が扉になる」**という格言があります。

壁にぶつかった時、乗り越えようと一生懸命になります。その過程の中で、自分という人間が成長していくのです。

従って、その壁を乗り越えた時には、さらに能力を増した自分として、さらに大きく飛躍していくことができるのです。

ですから「壁」は、さらに大きな成功への「扉」にもなるのです。そういう意味のことを、この格言は指摘しています。

根気よく試す間に実力がついている

人生の壁を、どのようにして乗り越えていけばいいのでしょうか。

壁を乗り越える方法は、とにかく、「色々なことを試してみる」ということしかないと思います。従来通りのやり方では乗り越えられないのですから、何か新しい方法を試してみる必要が出てきます。

しかし、何か新しい方法を試してみたからといって、それですぐにうまくいくとは限りません。恐らくは、失敗するでしょう。ですから、また、別の方法を試してみなければならなくなります。

そのようにして、何度も何度も繰り返し、色々なことを試しては、また違うことを試してみるのです。その結果、乗り越えるためのヒントを得られます。

そして、その試行錯誤の過程で、自分という人間が成長していきます。新しい知識やノウハウや技術といったものが身についてくるのです。

ある世界的に有名な女性バイオリニストも、時に、壁にぶつかってしまうことがあるそうです。思うように演奏できないのです。その時は、練習で、何度も何度も演奏を繰り返すそうです。同じ曲を、少しずつ演奏の方法を変えながら、また、自分なりの創意工夫を加えながら、何度も弾き直してみるのです。何十回、何百回と弾き続けることもあると言います。

そうすると、ある段階で、「そうか、こう弾けばいいのか」というものが見つかるのです。その時は、雲っていた空がパーッと晴れ渡るような爽快な気持ちになるのです。

また、壁を乗り越えようともがいていた過程で、バイオリニストとしての自分の能力が格段にアップしていることに気づくそうです。

どのような仕事であっても、同じことが言えると思います。

壁を乗り越えるためには、とにかく色々なことを何度も試すしかありません。

それは、根気のいる大変な作業かもしれませんが、同時に、自分に大きな実力をもたらしてくれるものでもあるのです。

「ダメ出し」「やり直し」もチャンスになる

水上勉（みずかみつとむ）という小説家がいました。

彼は、少年時代、京都の禅寺で禅僧として修行を積んでいましたが、その寺を出て、戦後は文芸雑誌の編集者をしていました。

そのかたわら、みずから小説を書き、編集者を辞めて小説家としてデビューします。『雁（かり）の寺』という作品で直木賞を受賞し、その後作品が次々に映画化されるなどして、流行作家として活躍しました。

この水上勉が、まだ駆け出しの新人だった頃に、次のようなエピソードがあります。

彼は、ある出版社の編集者のもとで、初めての長編小説を書くことになりました。

その編集者は、有望な新人を見出してヒット作品を作り出すことで有名でした。新人だった三島由紀夫を見出して、三島に初めての長編小説を書かせてヒットさせたことでも有名でした。

そんな編集者から長編小説の依頼をされたのですから、水上勉は大いに張り切りました。それは、その編集者が自分の才能を評価している証しでもあったからです。

しかし、その編集者は、小説の原稿になかなかＯＫを出してくれませんでした。書き直しを命じられてしまったのです。

しかし、書き直して提出した原稿も、また再度書き直しを命じられてしまいました。

水上勉は、壁にぶつかったような思いになりましたが、それでもがんばって原稿を書き直しました。

長編小説を初めから書き直すというのは大変な作業です。結局、４回書き直した末に、その小説はやっと単行本になりました。

そして、それがきっかけとなって人気作家として成功する道を歩み始めたのです。

言ってみれば、水上勉は、この「４回書き直し」の中で、小説家としての実力を身につけ、持って生まれた才能を大きく開花させることができたのです。

書き直しに嫌気がさして途中で投げ出してしまったとしたら、小説家としての才能を開花させないまま終わっていたかもしれません。

この話も「持てる力を発揮する」という意味で参考になると思います。

瞑想して心を「とらわれ」から解き放つ

禅の言葉に、「柔軟心」というものがあります。

「柔軟」は、一般的には「じゅうなん」と読みますが、禅では「にゅうなん」と読みます。

つまり、「柔軟心」と書いて、「にゅうなんしん」と読むのです。

「何物にもとらわれず、自由に、のびのびと動く心の様子」を表している言葉です。

人は生きている間に、知らず知らずのうちに、固定観念や先入観、決めつけや思い込みといったものにとらわれてしまいがちです。

しかし、そのような固定観念などに心がとらわれたままだと、心の迷いを生み出す原因にもなってしまうのです。

そのために、大きな判断の誤りをすることにもなります。

従って、そのような心のとらわれを捨て去って、いつも柔軟に物事を考えていけるような状態でなければならない、と禅では考えるのです。

では、禅では、どのようにして心から、そんな「とらわれ」を取り払うのかと言えば、それは座禅です。

瞑想と言ってもいいかもしれません。

そういう意味では、**ビジネスマンが、「何をやってもうまくいかない」といった壁にぶつかった時には、しばらくの間、静かに瞑想にふける習慣を持つのもいいかもしれません。**

とらわれていた固定観念や先入観といったものが取り払われて、どうすれば壁を乗り越えられるかということについて、もっと柔軟に考えることができるようになるかもしれません。

自由に、のびのびとした思考をめぐらせて、何かいいアイディアを思いつくことができるかもしれないのです。

そして、従来のやり方とまた違った方法で、柔軟に適応することができるようになると思います。

その時、自分が持っている本来の力も発揮できるようになります。

固定観念など、何かに心をとらわれている時には、自分の本来の力が制約されてしまって、なかなか発揮できないものなのです。

みずから変化を作り出し、変化の先頭に立つ

ユダヤ系のオーストリア人としてウィーンに生まれ、その後主にアメリカで活躍した経営学者に、ピーター・ドラッカーがいます。

「マネジメント（経営）」という概念を、学問的に最初に提唱した人物として有名です。

ドラッカーは、**「変化はコントロールできない。できるのは、変化の先頭に立つことだけである。今日のような乱気流の時代にあっては、変化が常態である。変化はリスクに満ち、楽ではない。悪戦苦闘を強いられる。だが、変化の先頭に立たないかぎり、生き残ることはできない」**と述べました。

確かに、ドラッカーが指摘する通り、現代は「乱気流の時代」だと思います。

「乱気流の時代」とは、言い換えれば、「変化が激しい時代」だということです。

そして、その変化の激しい時代にうまく対応して、自分が持っている力を発揮していくことは、「リスクに満ち、楽ではなく、悪戦苦闘を強いられる」ものなのです。

そうならば、「自分が変化の先頭に立つほうがいい」ということを、ドラッカーは提案しているのです。

「自分が変化の先頭に立つ」とは、言い換えれば、時代が変化するのを待っているのではなく、自分のほうから積極的に変化を作り出していく、ということだと思います。

たとえば、新しいビジネスのやり方を提案したり、今までなかったような画期的な商品の開発を手がける、ということです。

そのようにして、自分から変化を作り出し、そして、その変化の先頭に自分が立って活躍していくのです。

そのような意識を持って、また、それを実践していくことでも、自分が持っている能力を十分に発揮できるのです。

言ってみれば、これまでビジネスの世界で成功してきた人は、皆、自分から積極的に新しいビジネスのやり方を打ち出して、みずから変化を作り出してきた人たちなのです。

たとえば、ソニーの創業者である井深大(いぶかまさる)や盛田昭夫(もりたあきお)にしても、あるいは、アップルコンピュータの創業者であるスティーブ・ジョブズにしても、みずから変化を作り出し、そして変化の先頭に立ってきた人たちなのです。

2章のまとめ

◇ 能力と才能が高くても、適応力がないと難しい時代になっている。

◇「学び続ければ、柔軟でいられる」、
「うまくいかなくても、やり方を変えられれば過ちではない」（孔子）

◇「うまくいっていたやり方が、ある日を境に通用しなくなる」ということが、変化の激しい時代には普通に起こる。

◇ 壁にぶつかるからこそ、乗り越える力が鍛えられる。

◇ うまくいかないときは、いろんなやり方を試してみる。

◇ 固定観念から自由になるには瞑想も効果的。

◇「変化の先頭に立たないかぎり、生き残ることはできない」（ドラッカー）

memo

3章

プレッシャーの楽しみ方を知る

自分にプレッシャーをかけすぎる人

「プレッシャーに弱い」というタイプの人がいます。

このタイプの人は、大事な商談にのぞむ時だとか、大勢の人たちの前で新商品発表会の司会をする時とか、そのような大きなプレッシャーがかかる場面で、緊張感でガチガチになってしまって、自分の実力を十分に発揮できないまま終わってしまうのです。

このような人には、「完璧主義者」が多いようです。「一つの失敗もなく、物事を100パーセント完璧に仕上げたい」という意識が強いのです。

そのように思うことは必ずしも悪いことではありません。

しかし、「一つの失敗も許されない」と強く意識しすぎることで、自分で自分に余計なプレッシャーをかけてしまうことになりやすいのです。

そして、そのことで結局は、実力を十分に出せずに終わってしまいます。また、緊張感から、かえって大きな失敗を招いてしまうこともあります。

そういう意味では、過度な完璧主義におちいらないように注意する必要があります。

つまり、「一つの失敗も許されない」と考えるのではなく、「人間だから、一つぐらい失敗してもしょうがない」と考えるのです。

「100パーセント完璧に仕上げたい」と思うのではなく、「80パーセントうまくいけば、それで合格点だ」と思うようにします。そのように考えることで、気持ちにゆとりができます。

気持ちにゆとりを持つほうが、自分の力を存分に発揮できるのです。

もちろん、気持ちにゆとりを持ちすぎてもいけません。そうなると、気持ちが緩んで、やはり実力を発揮できなくなります。

しかし、プレッシャーからガチガチに緊張してしまっても、やはり実力を発揮できなくなってしまうのです。

大切なのは、そのバランスです。

バランスよく、いい緊張感を保つ、ということです。

そのためにも、「80パーセントを目指す」と心がけるのがいいと思います。それが、ちょうどいい緊張感を作り出し、うまくいくコツにもなります。

「不完全な自分」を受け入れると楽になる

ジンバブエの政治家に、ロイ・ベネットがいます。

当時のジンバブエの独裁政権を批判した野党の中心メンバーだった白人政治家として知られています。

このロイ・ベネットは、「不完全である自分を受け入れる。間違いをしても、そこから学び、自分を許す。そうすれば幸せになれる」と述べました。

人間は、誰であれ、完璧な存在ではありません。

間違いをしますし、うまくいかないこともたくさんあります。

それにもかかわらず、完璧な存在を目指せば、「理想の自分」と「現実の自分」とのギャップが大きくなってしまって、そのために思い悩んでしまうことになります。

そのため、それが大きなプレッシャーになって、自分自身を苦しめることになるのです。

そういう意味では、「不完全である自分を受け入れる」ほうが得策です。

そのほうが気持ちが楽になります。

そして、楽な気持ちで仕事に当たるほうが、自分が持っている実力を存分に発揮できるようになるのです。

「不完全な自分」なのですから、時には、間違いをすることもあるでしょう。

そんな時も、「私としたことが、なんて情けない」と必要以上に自分を責め立てるのではなく、「この間違いを通して、いいことを学ぶことができた」と考えればいいのです。

そう考えることで、「間違いをした自分を許す」ことができるのです。

そうすれば、今後も、楽な気持ちで、前向きに生きていけます。

間違いをしたことで、落ち込んだまま立ち直れなくなって、そこから一歩も前に進んでいけなくなる、ということはないのです。

楽な気持ちで、前向きに生きていってこそ、下手なプレッシャーに押しつぶされることがなくなるのです。

その結果、自分が持っている力を存分に発揮して、色々な分野で活躍していくことができるのです。

「生(き)まじめ」「強すぎる責任感」は逆効果

仕事のプレッシャーに押しつぶされてしまいがちな人には、性格的にある共通点があることが知られています。

それは、次の2点です。

* 生(き)まじめすぎる。
* 責任感が強すぎる。

仕事は、もちろん、まじめに行うほうがいいのです。

しかし、「生まじめ」「まじめすぎる」ということになると、色々と問題も出てきます。

生まじめな人は、「いい成果を出そう」と、一生懸命になりすぎるところがあります。

そのために、みずから自分に強いプレッシャーをかけてしまいがちです。

しかし、それが大きなストレスとなって、精神的に元気をなくし、うつ状態になってしまう場合もあるかもしれません。

そうなれば、本来はすばらしい能力を持っている人であっても、それを十分に発揮できなくなります。

また、仕事に対して責任感を持つ、ということも大切です。

しかしながら、この責任感も、あまりに強くなりすぎると問題が出てきます。

責任感が強すぎる人は、自分の仕事ばかりか、同僚や、自分が所属する部署全体の業績にも強い責任感を持ちます。

そのために、たとえば、同僚がミスをすれば、「的確なアドバイスをしなかった、私の責任だ」と、自分を責めてしまいます。部署全体の業績が落ちれば、「私がもっとがんばらないとダメなんだ」と、自分に強いプレッシャーをかけてしまうのです。

そのために、やはりストレス過剰となって、心身の不調を感じるようになり、結局は、実力を発揮できなくなってしまいます。

そういう意味では、基本的に、まじめに、責任感を持って仕事に取り組みながらも、自分で自分を追い込むことなく、どこかに「心のゆとり」を持っていくよう心がけておくことが大切です。

「仕事以外の楽しみ」を持って、元気を取り戻す

仕事には、プレッシャーがつきものです。

特に、年功序列制度が崩れ、実力と業績が重視される現代の職場では、激しい競争が繰り広げられていますから、一層強いプレッシャーを感じながら仕事をしている人も多いのではないでしょうか。

しかし、過度なプレッシャーは大きな精神的ストレスになります。

そして、ストレスは心から元気を奪い取っていきます。

結局、ストレス過重のために、疲労感をおぼえるようになり、そして、仕事への意欲を失っていくことになります。そのために、すばらしい能力を持ちながら、それを発揮できなくなるのです。

そういう意味では、現代のビジネスマンは、仕事でがんばるのと同じように、仕事のプレッシャーから受けるストレスをどのようにして解消するかということを真剣に考え、そ

して実践していくことが大切になると思います。

その方法として、たとえば、プライベートで、何か趣味を持つことです。

自宅に帰ってから、何か熱中できる趣味があれば、それを楽しむことで仕事でのストレスが解消されます。

仕事以外の友人を持つことも大切です。

そのような良き友人と楽しく語らう時間を持つことも、ストレス解消のための有効な方法の一つになるのです。

運動で、気持ちのいい汗を流す習慣を持ってもいいでしょう。

適度な運動も、ストレス解消には、とても効果的です。

このように趣味や、友人との語らいや、運動で上手にストレス解消していくことで、元気に仕事に立ち向かっていけます。

プレッシャーに負けることなく、自分の実力を存分に発揮して、大いに活躍していくこともできるのです。

生活が仕事一辺倒になってしまうと、ストレスを解消する機会がなくなって、心が疲労していくばかりなので注意が必要です。

減点主義より加点主義のほうがうまくいく

完璧主義タイプの人、あるいは、まじめで責任感が強すぎるタイプの人は、「減点主義」で物事を考えてしまう傾向があります。

まずは、自分の理想とする100点満点の完成度の仕事を強く意識します。

その「100点満点の完成度の仕事」から、「この部分が不満だ」「これでは不十分だ」「目覚ましい実績が期待できない」「お客さんのニーズに十分に応えられない」といった不満足な点を減点していくのです。これが「減点主義」の思考法です。

しかし、この「減点主義」の思考法では、何か不満足な点を減点していくごとに、気持ちが落ち込んでいくことになります。自信を失い、仕事へのやる気を失っていくことにもなりかねないのです。そのために、本来の実力を発揮できないまま終わってしまう、ということにもなるのです。

その意味では、「減点主義」の思考法をするのではなく、「加点主義」の思考法で仕事を進めていくほうが得策です。

「加点主義」は、0点から出発して、それにうまくいったことを加点していく方法です。

たとえば、「いい企画書が書けた」という時は、プラス10点です。

その企画書を提出した取引先との商談がうまくいったという時には、さらにプラス10点です。

その取引先から、「仕事の成果をほめられた」という時には、さらにプラス20点です。

そのように、うまくいったことを加点していきながら、「100点満点の完成度の仕事」を目指して努力していくのです。

このような「加点主義」の思考法のほうが、うまくいったことを加点していく度に、さらにやる気が増していきます。つまり、気持ちが前向きになっていきます。

ポジティブな気持ちでいるほうが、自分が持っている実力を十分に発揮できるのです。

従って、「加点主義」の思考法で仕事を進めていくほうが、その仕事が成功する可能性も高まっていくと思います。

「ネガティブな思い込み」かもしれない

プレッシャーには、二つの種類があると思います。

一つは、上司や取引先からかけられるプレッシャーです。

そして、もう一つは、みずから自分にプレッシャーをかけてしまうケースです。

たとえば、みずから勝手に、

「この仕事を成功させることができなかったら、私はこの会社で居場所を失ってしまうかもしれない。なんとしても、成功させなければならない」

「ここで業績を伸ばすことができなかったら、リストラにあってしまうのではないか。なんとしてでも、業績を伸ばさないと」

と、自分自身にプレッシャーをかけてしまうのです。

そして、みずから作り上げたプレッシャーに自分自身が押しつぶされる形で、本来の実力を発揮できないまま、仕事への意欲を失っていくケースもあります。

そのようにならないために大切なことは、まずは、実際のところを正しく理解するということです。

というのも、実際には、「この会社で居場所を失ってしまうかもしれない」「リストラにあってしまうのではないか」というのは、自分で勝手にそう思い込んでしまっているにすぎない場合も多いのです。

実際には、たとえ、その仕事で成功できなくても、業績を伸ばせなくても、そこですぐに居場所を失ったり、リストラにあう、という心配はないと思います。

名誉挽回（ばんかい）するチャンスが、いくらでもあるのです。

それにもかかわらず、自分で勝手に「そうなったら大変だ」と心配をふくらませてしまっているために、みずから自分に余計なプレッシャーをかけてしまうことになるのです。

そのような自分勝手な、ネガティブな「思い込み」というのは、多くの場合、心配や不安といった感情から生まれます。

従って、**将来のことをあまり心配せず、不安に思わず、今やるべきことだけに意識を集中させていくことが大事です。**

それが、持っている実力を出し切るコツになります。

「自分が作り上げた幻影」に、つぶされないために

オリンピックのボクシングでメダリストになり、その後、プロのボクサーに転向した選手がいました。

その選手は、大きな試合が近づくにつれて、いつも強いプレッシャーに押しつぶされそうになっていた、と言います。

プレッシャーから逃げ出したい気持ちになると、練習にも集中できなくなります。気持ちも、どんどん弱気になっていくのです。

試合が近づくにつれて、負けることへの不安や恐怖が大きくなっていきます。

相手からコテンパンに打ちのめされてしまうことが怖くなっていきます。

それに伴って、「もし、みじめな負け方をしてしまったら、マスコミから叩かれるだろう。ファンや後援会の人たちからも、叱られるだろう」という心配も募ってきます。

その結果、必要以上に「どうしても、勝たなければならない」という強いプレッシャー

を自分にかけることになるのです。そのプレッシャーに押しつぶされそうになって、一層苦しむことになってしまうのです。

彼は、ある時、ふと気づきました。**プレッシャーの正体は、「自分が作り上げた幻影にすぎない」と。**

しかし、よく考えてみれば、「もし負けたら」というのは架空のことでしかありません。実際に、負けたわけではないのです。もちろん、勝算もあるのです。従って、「もし負けたら」という架空の想像から生まれるプレッシャーは、「自分が作り上げた幻影にすぎない」と、この選手は気づいたのです。

それ以降は、「もし負けたら」という架空の想像に振り回されないように注意し、とにかく今やるべきことだけに集中するようにしたのです。

その結果、練習にも打ち込めるようになり、また、本番の試合でも本来の力を出し切れるようになったのです。

過去や未来のことを思わず、今日すべきことを熱心にする

仏教の創始者であるブッダは、次のように述べました。

「過去はすでに捨てられた。未来はまだやって来ない。だから現在のことがらを、現在においてよく観察し、揺(ゆ)らぐことなく、動ずることなく、よく見きわめて実践すべし。ただ今日なすべきことを熱心にする」

このブッダの言葉は、「余計なプレッシャーに負けることなく、自分が本来持っている実力を存分に発揮する」ということを考える上でも、参考になる点があると思います。

たとえば、過去の仕事の失敗を今でも強く後悔しながら、「もう二度と失敗は繰り返せない。でも、また失敗したら、どうしよう」というプッシャーに押しつぶされそうになっている人がいるかもしれません。

しかし、「過去はすでに捨てられた」のです。

すなわち、過去のことは過去のこととして、「しょうがない」と割り切って、上手に忘れ去ってしまうことが大切なのです。

あるいは、未来の心配から、「ここで成功できなかったら、どうしよう。私の人生はもう終わりだ」というプレッシャーに苦しんでいる人がいるかもしれません。

しかし、「未来はまだやって来ない」のです。

まだやって来ない未来のことを、あれこれ心配してもしょうがないのです。

従って、余計なプレッシャーに、精神的に「揺らぐことなく、動ずることなく」、今やらなければならないことを「よく観察し」「よく見極め」て、「今日なすべきことを熱心にする」ということが大切だ、とブッダは指摘しているのです。

つまり、過去や未来のことを思うのではなく、無心になって、今やるべきことだけに熱心に集中するのです。

このように心がけて日々の仕事をこなしていくようにすることで、自分が本来持っている実力を存分に発揮できるようになるのです。

その結果、充実した人生を築きあげていけるのです。

上司や取引先の「たら・れば」に動揺しない

上司や取引先から強いプレッシャーをかけられることがあると思います。

たとえば、上司から、「このノルマを達成できなかったら、この会社での立場がなくなるぞ」と、プレッシャーをかけられます。

あるいは、取引先から、「今度の仕事で目ざましい実績が出なければ、あなたの会社との契約を見直すことになるかもしれない」と、プレッシャーをかけられます。

上司や取引先からこのようなことを言われれば、その当事者とすれば強いプレッシャーを感じるでしょう。

時には、そのプレッシャーに精神的に負けてしまって、本来持っている実力を発揮できないまま終わってしまう場合もあるかもしれません。

このようなケースで、そんなプレッシャーに負けないコツは、「今やるべきことだけに集中する」ということです。

上司や取引先は、「ノルマを達成できなかったら」「実績が出なければ」と言います。

しかし、これは、「たら・れば」の話にすぎないのです。

つまり、まだ現実に起こっていない、将来の話にすぎません。

いわば、架空の話なのです。

そんな「たら・れば」の架空の話に、精神的に動揺してしまうのは、いいことではありません。

従って、そんな「たら・れば」の話に気持ちをわずらわされることなく、今自分がやるべきことだけに集中するのが賢明なのです。

そう心がけることが、結局は、自分が持っている実力を存分に発揮して、いい成果を出すコツになるのです。

そういう意味では、上司や取引先の「たら・れば」の話は、あまり真に受けてしまうのではなく、軽く聞き流す意識を持っておくほうがいいでしょう。

反抗的な態度を示すことはありません。ただ軽く聞き流して、自分がやるべきことに専念すればいいのです。

それが、仕事での賢い生き方になります。

「期待に応えたい」という気持ちが、プレッシャーを大きくする

上司や取引先からの大きな期待が、プレッシャーになってしまう場合があります。

上司や取引先から、「あなたには大いに期待している。今度の仕事でも、あなたなら必ず、ずば抜けた活躍をしてくれるだろうと信じている。だから、がんばってほしい」と言われます。

そう言われたら本人としても、「上司や取引先の期待に応えられるように、がんばろう」と、大いに張り切るでしょう。

大いに張り切ることは、もちろん、悪いことではありません。

しかし、ここで、「期待に応えたい」という意識が強くなりすぎて、「必ず期待に応えなければならない。期待を裏切るようなことをするのは許されない。もし、期待を裏切るようなことをしたら、私の立場はなくなる」といったことを考えるようになると、それが重いプレッシャーとして、その人にのしかかってしまうことになります。

そして、そんなプレッシャーに負けてしまって、結局は、実力を出せずに終わり、上司や取引先の期待を裏切ることになる場合もあるのです。

タレントとして、また、エッセイストとしても活躍した永六輔（えいろくすけ）は、**「ストレスは重圧に耐えることではない。耐えて、それに応えようとするからストレスになる**（意訳）」と述べました。

仕事に重圧を感じている人は多いと思います。

「その重圧に耐えることが、すぐに大きなストレスになって自分を苦しめるわけではない」と、永六輔は指摘するのです。

むしろ、「周りの人たちの期待に応えたい」という意識を強く持ちすぎてしまうことが、その重圧を大きなストレス、大きなプレッシャーにしていく、ということです。

そういう意味では、あまり強く「期待に応えたい」という意識を持ちすぎないほうが賢明です。

そうではなくて、ただ、自分のやるべきことを無心になってたんたんと進めていくほうが得策です。

そのほうが、本来の実力を発揮できるからです。

プレッシャーを楽しむコツ

「プレッシャーを感じずに仕事をしていきたい」と言う人もいますが、仕事をしていれば、多かれ少なかれ、色々な意味でプレッシャーを感じてしまうものではないでしょうか。

仕事のプレッシャーから完全に逃れることは難しいのです。

もし、そうならば「プレッシャーを楽しむ」という意識を持つほうが賢明だと思います。

プレッシャーを楽しむという意識を持つことで、そのプレッシャーを重圧に感じることなく、むしろ、それをいい刺激にして自分の本来の実力を発揮していけるのです。

では、どうすればプレッシャーを楽しむことができるのかと言えば、それは「いいイメージを持つ」ということが有効な手段になります。

たとえば、大きな仕事を任されます。そして、上司から、「君に期待している。絶対に成功させてくれ」と命じられたとします。

その時、「もし上司の期待を裏切ることになったら、どうなるのか」と、悪いことを想像してしまうからこそ、その反動で、みずからに「絶対に成功させなければならない」と、必要以上に強いプレッシャーをかけすぎてしまうのです。

従って、悪いイメージは持たないように注意することが大事です。

その上で、逆にいいイメージを持つように心がけるのです。

それは、たとえば、「仕事に成功して、上司にほめられている」というイメージです。

あるいは、「その仕事に成功して、さらにやりがいのある仕事を任される」というイメージです。

そのような「いいイメージ」を持つことによって、「大きな仕事を任される」「上司から期待される」ということが重圧ではなくなります。

むしろ、「いいイメージ」を持つことによって、気持ちが前向きになり、明るくなり、そのプレッシャーを楽しむということもできるようになるのです。

そうなれば、イキイキと実力を発揮して、きっと、すばらしい成果をあげることができるでしょう。

いいイメージ通りに、人生がいい方向へと動き出すのです。

そうなれば、人生に、いいことがたくさん起こってくるのです。

3章のまとめ

◇ 完璧主義や「生まじめ」は自分によけいなプレッシャーをかけてしまう。

◇ 不完全な自分を受け入れるほうが、力を発揮できる。

◇「仕事だけ」「勉強だけ」の生活は心に疲れがたまりやすい。

◇ 減点主義をやめて加点主義にする。そのほうがやる気を出せるから結果も出る。

◇ 思い込みでよけいなプレッシャーをかけていないか、考えてみることも大事。

◇「期待に応えたい」という気持ちが強すぎると逆効果。

◇ プレッシャーを楽しみつつ、うまくいっている「いいイメージ」を持つと、持てる力を出しやすくなる。

memo

4章

「やる気が出ない」を乗り越えるヒント

自分のせいではなく、仕事が多すぎるから？

人には、「何となく調子が出ない」という時があります。

職場で、やらなければならない仕事は山のようにあるのですが、何となく調子が出ずに仕事に集中できないのです。

人間は生き物ですから、時に、このような調子が出ない日があっても当然です。

とはいえ、調子が悪いからといって、仕事を放棄するわけにはいきません。

調子が出ないという状況を乗り切って、どうにかして仕事を進めていかなければならないのです。

では、どのようにして、そんな調子が出ない状況を乗り越えるかと言えば、その方法の一つに、「とりあえず小さな目標を作る」というものがあります。

というのも、「やらなければならない仕事が山のようにある」ということがプレッシャーになって、「やる気が出ない」という精神状態になっている場合もあるからです。

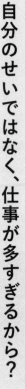

やらなければならないことが山のようにあると、「今日中に終わるだろうか」といった心配や、「残業になるかもしれない」といったネガティブな思いが次々に思い浮かんできて、それが精神的なプレッシャーになって、やる気を奪ってしまうことになりがちなのです。

従って、たとえば、まず、**「15分で、ここまで進めよう」**という小さな目標を設定します。

最初は、あまり無理のない程度に、確実に15分でできる程度の目標を立てるのがいいと思います。

そして、その15分間はとにかく仕事に集中するのです。

そして、15分経ったら、また、「次の15分で、ここまで進めよう」という小さな目標を設定して、集中します。

これを繰り返していくうちに、調子がだんだん出てきて、強い集中力を持って仕事を推し進めていけるようになります。

結果的に、「残業しなければならなくなるだろう」と思っていた仕事を、定時までに片づけることもできるのです。

とにかく小さな目標を作って、それを確実にこなしていく、ということが大切です。

「最初の一歩」を上手く踏み出せば、後はスムーズ

古代中国の思想家である老子に、次のような言葉があります。

「九層の台も、累土（るいど）より起こり、千里の行も足下より始まる」というものです。

この「九層の台」とは、「九つの層がある高い建物」という意味です。「累土」とは、「わずかな土を盛る」ということです。つまり、「九つの層がある高い建物も、その最初は、わずかな土を盛るところから始まる」と言っているのです。

次の、「千里の行も足下より始まる」は、「千里の道も一歩から」ということわざの元になった言葉です。

老子の言葉にある「足下」とは、「一歩」のことです。

つまり、「千里の行も足下より始まる」とは、「千里という長い道のりを歩いていく場合も、一歩を踏み出すことから始まる」という意味です。

ちなみに、「千里」とは、約５００キロのことです。東京と京都の距離が約５１０キロ

ですから、それに少し足りないくらいです。

そのくらい長い距離を歩いていくのも、「一歩を踏み出すことから始まる」と言うのです。

この老子の言葉は、言い換えれば、「どんなに大きなことをするにも、長い時間がかかることをするにも、最初にする小さなことが大切だ」ということを指摘しています。

大きなことを成し遂げようという時、また長い時間の忍耐が必要になることをしようという時、時に人は、その「大きなこと」「長くかかること」に大きなプレッシャーを感じて、「私には無理かもしれない。途中で挫折することになるだろう」と、気持ちが後ろ向きになってしまう場合もあります。

しかし、気持ちが後ろ向きになれば、自分が持っている能力を十分に発揮できなくなることにつながります。

従って、その「大きなこと」「長くかかること」をあまり意識することなく、「最初のひと盛り」「最初の一歩」に意識を集中して、確実に「最初の小さな目標」を完遂することが大切です。

その「最初の小さな目標」をクリアできれば、後はスムーズに物事が運んでいくのです。

歩んできた道のりを振り返って、自分を励ます

登山をする時、頂上までたどり着くコツの一つに、次のようなものがあります。

それは、**「頂上ばかりを見るのではなく、時々足を止めて、これまで登ってきた道のりを振り返ってみる」**というものです。

登山は、頂上にまでたどり着くことを最終的な目的にしています。従って、登山者は、往々にして、その最終目標である頂上ばかりを見上げてしまいがちです。

しかし、そのために、「頂上まで、まだ、ずいぶん登っていかなければならない。体力は持つだろうか」といった不安な気持ちにもさせられることもあるのです。

そして、そんな不安な気持ちになってしまうと、精神的に元気や意欲を失って、結局は、頂上にたどり着く前にギブアップしてしまうことになりがちなのです。

従って、頂上ばかりを見上げるのではなく、時々立ち止まって、これまで登ってきた道のりを振り返って眺めてみるのです。

そうすれば、「私は、こんな長い道のりを歩いてきたのか」と、驚かされます。

この成功体験により、自分の体力や能力に自信がよみがえります。

そして、それが、「頂上まで、あともう少しだ。がんばって登っていこう」という励みにもなるのです。

そして、最終的には、力を出し切って、頂上にまでたどり着くことができるのです。

一般的な「仕事」も、このような登山に似たところがあると思います。

大きな仕事を成し遂げようと思えば思うほど、それには長い時間をかけた努力が必要になってきます。そして、そのために、途中で疲労感をおぼえ、「私は、最終的な目標を達成できるだろうか」と、不安を感じることもあるかもしれません。

そんな時は、これまで努力してきた過程を振り返ってみるのです。

そうすれば、「私は、こんなに努力してきた。もう、こんなところまで成し遂げられている。私も捨てたものじゃないな」と、自分自身が励まされるのです。

そして、残った力を振り絞って、最終的な目標まで努力していく意欲も生まれます。

できる範囲で、働く環境を変えてみる

仕事をやっている最中に、「どうもやる気が出ない。仕事に集中できない」という時があると思います。

「これではいけない。がんばらないと！」と、自分自身に気合いを入れ直すのですが、5分も経たないうちに、また、やる気が出ない状態に戻ってしまうのです。

このように「やる気が出ない」という状態は、精神論だけではなかなか解決しないケースもあります。

このような時には、「仕事をする環境を変える」という方法があります。

フリーランスで仕事をしている男性がいます。

彼は、「どうもやる気が出ない」という時には、近くのカフェへ行くと言います。

ノートパソコンを持って行って、カフェで仕事をするのです。

あるいは、近所の図書館に行く時もあります。その図書館には、社会人が仕事をするた

めの机を提供してくれるサービスがあります。

都心の図書館にはそのようなサービスを提供するところも増えてきているそうですが、それを利用するのです。

そのようにして、彼は普段仕事をしている自宅や個人事務所から、カフェや図書館など、働く環境を変えているのです。「気分がリフレッシュしてやる気がよみがえってくることがよくある」と言います。

確かに、「環境を変える」ということは、気持ちをリフレッシュする方法としては有効です。そして、気持ちをリフレッシュすることが、自分が持っている力を引き出すことにも役立つのです。

そういう意味では、やる気が出ない時に、仕事をする環境をちょっと変えてみる、ということも良いと思います。

会社で働く人は、フリーランスの人のようには、自由に働く場所を変えることができないかもしれません。しかし、自由にできる時には、ちょっと近くのカフェへ行って、そこで企画書をまとめるなど、許される範囲で「働く環境を変える」ということを試してもいいと思います。

ペース配分を変えてみる

「やる気が出ない。集中できない」という状態が何日も続いてしまう、ということがあると思います。

「やる気が出ない」という状態が一時的なものであれば、それほど問題はないのですが、それが何日も続くことになると仕事も遅れ遅れとなって支障が出てきます。

精神的にも、焦りや不満が増してくるでしょう。

このようなケースでは、「ペース配分を変える」ということが、「やる気が出ない」という状態を打破するための有効な手段になることもあります。

ある女性は、「やる気が出ない」という状態が何日か続いたことがあったと言います。

そういう状況を打破するために、彼女が試したのが、「ペース配分を変える」ということでした。

それまで彼女は、どちらかというと、「スロースターター」でした。いわば、「午後集中型」です。午前中がゆっくりとしていて、午後、定時が迫ってくるに従って集中力を高めて、一気に仕事を片づける、というペース配分だったのです。

しかし、だんだんと、定時間際になっても、やる気スイッチが入らない状態になっていったのです。そのために残業をしなければならなくなり、仕事の質も低下して上司から叱られてしまうようになりました。

そこで、「午前中ゆっくり、午後集中」という時間配分から、「午前中集中、午後ゆっくり」に変えてみたのです。

その結果、ペース配分を変えることが、いい気分転換になりました。

また、午前中は、体力的にも精神的にもフレッシュな状態ですから、午後よりもより強い集中力が発揮できることがわかった、と言います。

そして、退社前に、翌日の仕事への準備をする時間を持つことができ、それが翌日の午前中の仕事をスムーズに進めていくことにつながるようになりました。

このように「ペース配分を変える」ということが、「持てる力を出し切る」ということにつながるケースもあります。

何日も続くときは、心を休める時間を増やす

「やる気が出ない」という状態が何日も続く場合、その理由に、何かしらの病気が隠れている場合もあります。

そのような自覚症状がある時は、早めに病院へ行って医師に相談してみるという方法もあります。

また、精神的に、うつ症状になっている時も、「やる気が出ない」ということが何日も続くことがよくあります。

仕事の重圧や、忙しすぎる仕事、あるいは、職場の人間関係の悪化などが強いストレスとなって心にのしかかります。

そのように慢性的にストレス過剰の状態にあると、だんだんと精神的に落ち込んでいき、うつ状態になっていきます。

そして、そのうつ状態がうつ病など精神的な病気に発展していくことにもなりかねませ

んので注意が必要です。

従って、そうならないためにも、**「やる気が出ない」ということが何日も続く場合には、「休養する時間を増やす」ということが必要になってくる場合もあります。**

たとえば、できるだけ残業はせずに、定時に帰宅して、自宅でゆっくりくつろぐ時間を増やすよう心がける、ということです。

休日は仕事のことなど考えず、公園を散歩したり、音楽やスポーツを楽しんだり、心身共にリフレッシュできることをする、ということです。

また、趣味を持っている人は、うつ症状、うつ病を引き起こしてしまう確率が低くなる、とも言われています。

仕事でストレスを溜め込んでしまったとしても、好きな趣味に熱中する時間が、いいストレス解消になって、うつ症状、うつ病を引き起こしてしまうことを防いでくれるのです。

そういう意味では、何かしら、自分が心から楽しめる趣味を持つのがいいと思います。

それがメンタルヘルスに役立ちますし、また、「仕事で全力を出し切る」ということにもつながるのです。

精神的に健康であってこそ、仕事に力を出し切れるのです。

よく遊ぶ人ほど、仕事に集中できる

「仕事だけが生きがいだ」と言う人がいます。

そういう人は、仕事一辺倒の人間、会社人間になってしまいがちです。

しかし、そのようなタイプの人に限って、途中で、仕事へのやる気を失って、持っている能力を十分に出し切れないことになる場合もあるのです。

どんなに「仕事だけが生きがいだ」と言う人であっても、仕事のストレスは否応なくどんどん溜まっていきます。

しかし、「仕事だけが生きがいだ」と言う人は、そのストレスを解消する方法がないのです。そのために、結局は、ストレス過剰の状態におちいって、元気や意欲をなくして、仕事にも十分に力を発揮できなくなってしまうのです。

そういう意味では、元気に力強く仕事を進めていくためには、仕事以外の良き友人たちと遊んだり、あるいは、趣味やスポーツや音楽や旅行を通して遊ぶ時間を持つということも大切なのです。

実業家として活躍した人物に竹鶴政孝（たけつるまさたか）がいます。

日本で初めて国産のウィスキーを開発製造した人物として有名です。

彼は広島の日本酒を作る家に生まれましたが、若い頃にイギリスに留学しウィスキーの製造方法を学びました。そして、帰国後は、現在のサントリーに就職して、そこで国産ウィスキーの開発製造の仕事にたずさわります。

その後は、独立し、北海道にニッカウヰスキーを設立して、国産ウィスキーの開発製造の仕事を続けました。

この竹鶴政孝は、**「よりよく遊ぶ者は、よく仕事をする」**と述べました。

この言葉にある「よりよく遊ぶ者」は、遊ぶことによってストレス解消ができますから、精神的に元気でいられます。仕事にも元気で精力的にあたれるのです。つまり、「よく仕事をする」ということなのです。

従って、竹鶴政孝も、この言葉で、良き友人と遊んだり、趣味を通して遊ぶ時間を作ることを勧めているのです。

一日3度、優先順位を整理する

どのような種類の仕事でもそうだと思いますが、仕事というのは、いくつかの仕事を同時並行的に進めていくという場合がほとんどです。

たとえば、A社とB社に提出する企画書を同時に書き進めながら、新しいビジネスについて調査に当たったりします。

電話をしたり、メールを書かなければならないこともたくさんあります。出席しなければならない会議やミーティングも複数あるはずです。

このように「あれもやらなければならない、これもやらなければならない」という状況の中で働いているというのは、多くの人の現状ではないでしょうか。

一つの仕事だけにじっくりと時間をかけていく、というのは難しいのです。

そして、このように雑多な仕事に追いまくられる日々を過ごしていくうちに、集中力を失って、仕事へのやる気もなくなっていく、という人もいるのではないでしょうか。

結局は、すべてが中途半端なものとなって、自分の実力を十分に発揮できないまま終わってしまうのです。

そうならないために大切なことは、「仕事に優先順位をつけていく」という習慣を持っておくことです。

たとえば、「まず真っ先にやらなければならないもの」「その次に重要性が高いもの」「とりあえず、後回しにしてもいいもの」「予定には入れておいたが、もうやる必要がないもの」という四つの種類に分けて、優先順位を考えながら自分の仕事のやり方を見直していく習慣を持つのです。

そうすることによって、頭の中が整理され、慌てたり焦ったりすることなく、精神的なゆとりを持って一つ一つのことに集中していくことができるようになります。つまり、雑多な仕事がたくさんあっても、それらを精力的に片づけていくことができるのです。

そういう意味で、日々の仕事の中で、たとえば、午前中の仕事を始める前、そして午後の仕事を始める時、また、退社する前に明日の仕事の予定を立てる時など、一日3回程度、自分の仕事の優先順位を考えるという習慣を持ってもいいでしょう。

それが、効率的に自分の力を発揮していくことにもつながります。

「マンネリ」は、やる気をじわじわ弱らせる

人からやる気を奪ってしまう原因の一つに、「マンネリ」があります。

毎日変わりばえのしない仕事をしているうちに、精神的に新鮮な刺激がなくなって、だんだんとやる気が停滞してしまいます。

そのために、仕事に全力を出し切ることもできなくなって、中途半端な形で仕事を終わらせていくようになってしまいます。

そういう意味では、マンネリ感におちいらないよう注意していく必要があると思います。

それが、「仕事で力を出し切る」というコツの一つになるのです。

マンネリにおちいらないためには、まずは、上司から「これをやれ」と命じられたことを、命じられた通りにやっているだけで終わらせない、ということが大切です。

上司から命じられる仕事をしっかりとこなしていくことは当然大切ですが、それと同時に、自分のほうからも「新しい企画があります」「仕事の改善策を提案したいんですが」

と自分なりの新しいアイディアを積極的に提案していくことが大切です。

もちろん、自分から提案することが、上司からすべて採用されることはないでしょう。しかし、自分の頭で新しい仕事のやり方を考えていくことが、自分自身にとってとても良い刺激になるのです。

また、粘り強くアイディアを提案していくことで、その中から「いい案だ。ぜひやってみよう」と上司から言ってもらえるものが出てくれば、さらに一層仕事への意欲が高まっていきます。

アイディアが採用されれば、新しい仕事が生まれていきます。

自分が仕事をしている環境も新しく変わっていきます。

これまでつき合いがなかった人とも、新しく知り合っていけるでしょう。

周りの人たちが、自分を見る目も新しく変わっていきます。

そのようなことが、すべて、自分にとっては新鮮な刺激になるのです。「創造的な意識」を持つことで、マンネリにおちいることを防げるのです。

そして、そんな良い刺激を受けて、「全力でがんばっていこう」という意欲がさらに一層ふくらんでいくのです。

創造的な仕事ができる条件

仕事をするにあたって、「自分ならではのアイディアで、新しい仕事を作りだしていこう」「今の仕事のやり方を改善して、もっといい仕事のやり方がないか、絶えず創意工夫していこう」といった「創造的な意識」を持つことが大切です。

そのような創造的な意識を持つことは、楽しいことです。そして、仕事をしていくことに喜びを感じられるようになります。そのような楽しさや喜びが良い刺激となって、自分の中にまだ眠ったままでいる才能や能力を引き出してくれることもあるのです。そして、より一層精力的に仕事を進めていくこともできるようになるのです。

そういう意味で創造的な意識を持つということがとても大切なのですが、では、どのようにしてそんな創造的な意識を持てるかと言えば、そのカギとなるのは「好奇心」だと思います。

日々、好奇心旺盛に色々なことに興味を持ち、また、たくさんのことを経験したり、多くの人の話を興味を持って聞いていくうちに、「このアイディアを、私の仕事に生かしたら面白くなりそうだ」というヒラメキを得ることができます。

そんなヒラメキから、創造的な仕事が次々に生まれてくるのです。

物理学者で、日本で初めてノーベル物理学賞を受賞した人物に湯川秀樹がいます。

この湯川秀樹は、**「科学の研究も人間の知的好奇心にもとづく創造であって、芸術やその他の文化活動と同じものだ」**と述べました。

「科学の研究」や「芸術やその他の文化活動」ばかりではないと思います。

あらゆる種類の「仕事」も同じではないでしょうか。

つまり、「知的好奇心にもとづいて創造していくこと」が大切なのです。

好奇心旺盛に「こんなことを試したら面白そうだ」というアイディアを持ち、そして、新しく仕事を創造していくことが大切です。

言い換えれば、仕事に、そのような好奇心や創造性を生かしていくことで、より精力的に仕事に従事していくことができるのです。

その結果、仕事に全力を出し切って、充実した人生を実現できるのです。

心が「腐った水」にならないように注意する

中国のことわざに、**「流れない水は腐る」**というものがあります。

日本のことわざには、**「流れる水は腐らない」**というものがあります。

どちらも意味としては同じものです。

川は、サラサラと水が流れている場所では、水は腐ることはありません。

そこには、上流から、新しく新鮮な水がどんどん流れ込んでくるからです。

しかし、一方で、川には、水がよどんでいる場所もあります。水の流れがない場所です。

そこでは、上流から新鮮な水が流れ込んでこないので、雑菌などが増えるなどして、言わば腐ってしまうのです。

中国のことわざも、日本のことわざも、川の「水」は、人の「心」と同じだ、ということを指摘しているのです。

人の「心」も、やはり、新しいことをどんどん注ぎ込んでいかないと、「腐る」のです。

心が「腐る」とは、「喜びや感動というものがなくなって、前向きな意[illegible]ということです。

そうならないためにも、好奇心を旺盛にして、新しい知識や刺激と[illegible]ったものを心に[illegible]り込んでいく必要があります。

そうすれば、「心」は、「腐らない」のです。

心が「腐らない」とは、「イキイキとした気持ちで、前向きに全力で生きていけ[illegible]いうことです。

従って、この中国と日本のことわざは、「心にいつも新しい知識や刺激を送り込むように努力をしていくことが大切だ」ということを指摘しているのです。

仕事の場でも、新しい知識や刺激を心に送り込んでいく努力が大切です。

命じられる仕事をただやっているだけではなく、みずから「何か面白そうなアイディアはないか」と好奇心旺盛に色々な情報を集めるのです。様々な経験をしていくのです。

そうすることで、仕事への意欲も衰えることはありません。また、精力的に仕事に打ち込んでいくこともできるのです。

4章のまとめ

◇「今日はやる気が出ない」のは体調や精神力ではなく、やるべきことが多すぎるからかもしれない。

◇ 小さな目標を立て、最初の一歩を踏み出す。「目標クリア」がさらに前進する力になる。

◇「目標までの距離」だけでなく、ときには「これまで進んできた距離」を見る。

◇「なぜかやる気が出ない」時、できる範囲で環境やペース配分を変えてみる。リフレッシュは力を発揮することにつながる。

◇ やる気が出ない期間が長く続くようなら、休養を増やしたり、医師に相談することも視野に入れる。

◇「あれもこれも」と仕事に追われる生活を続けるうちに集中力ややる気を失っている人は多い。そうなっていないかチェックしてみる。

◇ やらなければいけない仕事の中にも、好奇心や創造性を発揮する。マンネリはやる気ダウンのもと。

memo

5章

力が出てくる「自分の変え方」

活躍している人とつき合う

ある人は、「今一つ、仕事にやる気が出ない」ようです。

そのために、仕事に全力を出すことなく、中途半端に終わらせてしまうことも多いのです。

そんな状態を変えて、「仕事に全力を出し切って、いつも充実感を味わっているような自分自身に生まれ変わりたい」と言っています。

また、「自分の秘められた能力を引き出して、すばらしい成果を出したい」「今の自分から、やる気にあふれた自分に変わりたい」と言うのです。

このように「自分を変えたい」と言う人は、他にも大勢いると思います。

では、どのようにすれば、「精力的な自分」に生まれ変われるのかと言えば、その方法の一つに「つき合う人を変える」ということが挙げられます。

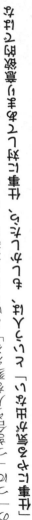

「仕事にやる気が出ない」という人は、もしかしたら、仕事に対してあまり意欲的ではな

い人たちとばかりとつき合っているのかもしれません。

そういう場合は、親しくつき合う相手を変えてみるのです。

職場の同僚に、意欲的に仕事を進めている人がいると思います。

そのような力がみなぎった精力的な人と行動を共にしたり、会話をする機会を増やすようにするのです。

また、友人や知人の中にも、精力的に仕事をこなして注目を浴びている人がいると思います。

そのような人の話を積極的に聞くようにします。

人は、つき合う相手から強い影響力を受けるものです。

精力的に活躍している人たちと頻繁につき合うことによって、「私も、あの人のように活躍したい」という意欲が強まっていきます。

そして、精力的な人たちから良い影響を受けて、どのような仕事にも全力でぶつかっていけるようになるのです。

そして、それが、自分に秘められている未知の能力を引き出すことにもつながります。

「良き友」と共にいる

仏教の創始者であるブッダの弟子にアーナンダという人物がいました。ブッダの十大弟子のうちの一人です。

このアーナンダは、ある日、「仏教の修行を進めていく過程で、良き友を得ることはとても大切なことだ。その良き友と共に行動し、共に話し合っていくことで、仏教の修行は半分成功したと言っていいだろう」と考えました。

そして、そのことを、師匠であるブッダに言いました。

すると、ブッダは、「それは違う」と答えました。

続けてブッダは、「**良き友がいて、良き友と共に行動し、良き友と共に話し合っていくことで、仏教の修行は全部成功したと言っていい**」と述べました。

つまり、ブッダは、アーナンダが言った「半分」を「全部」と言い直したのです。

ブッダは、それだけ、「良き友と共にいることは大切なことだ」と強調したのです。

これは仏教のブッダとアーナンダとの会話ですから、「良き友」とは、悟りを目指して一緒に修行に励む、いわば同志を意味しています。良き同志と共に修行に励んでこそ、悟りを得られる、ということをブッダは言いたかったのです。

仕事でも、同様のことが言えるのではないでしょうか。

同じ職場で働く「良き友」、つまり「良き同僚」「良き上司」「良き先輩」「良き部下」がいて、その人たちと共に行動し、共に話しあっていくことができれば、その仕事は「全部」成功したと言ってもいいのでしょう。

そのような「良き同僚」たちが身近にいてこそ、自分自身も全力で仕事に従事でき、その「良き同僚」たちが自分の中に眠る未知の能力をも引き出してくれるのです。

そのような意味で言えば、仕事の場で「良き同僚」たちを持つということがとても大切な要素になるのです。

また、言い方を変えれば、自分自身が仕事仲間にとって「良き同僚」「良き上司」「良き先輩」「良き部下」であるように努力することも大切です。

それは、自分自身の能力の向上にもつながるからです。

良いライバルを持つ

仕事で能力を発揮するためには、「良きライバルを持つ」ということが大切です。

良きライバルがいてこそ、「あの人に負けないために、全力でがんばろう」という気持ちが生まれてきます。良きライバルの存在が、自分の能力を引き出してくれます。

そういう意味で言えば、良きライバルは、自分をさらにすばらしい存在に変えてくれる人です。


次のような話があります。

アメリカに、「高飛び込み」という競技で活躍した男性選手がいます。

高い場所からプールの水に飛び込んで、その技や美しさを競う競技です。

このアメリカの選手は、かつてオリンピックで金メダルを含む5個のメダルを獲得した名選手でした。

彼は、オリンピックなどの競技大会で、ライバル選手の演技を見ながら、いつも「最高の演技をしてほしい」と祈っていたそうです。

普通であれば、ライバル選手に対して、「失敗してくれ」と思うのが選手の心理だと思います。

しかし、彼は、反対に、ライバル選手の活躍を祈ったのです。

ライバルを、心の中で応援したのです。

なぜなら、ライバル選手が最高の演技をすれば、それを励みにして「私もがんばろう」という意欲を持つことができるからです。

これが「良きライバル」がいることの良い効果だと思います。

一般の仕事の場でも、良きライバルを持つことで能力開発が可能です。

ライバルが現れたら、その人が仕事で最高の成果を出すことを祈るのです。

そうすることで、「私は、あの人よりも、もっと良い成果を出そう」という意欲が高まっていきます。そして、意欲が高まるに従って、自分が持っている能力を存分に発揮できるようになるのです。

良いライバル関係を持てる人の共通点

お互いに相手の仕事の邪魔をして、足を引っ張りあっているような関係は、「良きライバル関係」とは言えません。

相手の欠点を見つけ出し、社内でお互いの陰口を言いあっているようでは、「良きライバル関係」とは言えないのです。

そのような「悪いライバル関係」では、相手の存在を刺激にして、自分が持っている能力を引き出すことなどできないでしょう。

仕事などそっちのけで、相手を打ち倒すことばかりに一生懸命になって、結局は、お互いに仕事の成果が低下して共倒れする、ということになりかねないのです。

精神科医でエッセイストでもあった斎藤茂太(しげた)は、「**あなたの短所を攻めるのが敵。あなたの長所を認めるのがライバル**」と述べました。

相手の仕事の邪魔をしたり、足を引っ張ったり、相手の欠点や短所を攻めたり陰口を言う関係は、ライバルではなく、むしろ「敵」なのでしょう。

しかも、それは、まったく非生産的な敵です。

良きライバル関係とは、「お互いの長所を認めあう関係」なのです。

ライバルの長所を認めてこそ、「あの人の長所から学んで、私の能力をさらに向上させよう」という気持ちが生まれます。

ライバルの長所を認めてこそ、「あの人が持っていない、私ならではの長所をさらに伸ばしていこう」という意欲も生まれてきます。

そのようにして、切磋琢磨（せっさたくま）して、お互いに能力を高めていく関係こそが、「良きライバル関係」なのです。

そういう意味では、嫉妬心や妬みを感じてしまう相手をライバルにしないほうがいいと思います。

嫉妬心や妬みは、敵意を生み出してしまうからです。

むしろ、心から尊敬できる人をライバルにするほうがいいでしょう。

そうすれば、自分が持っている能力も伸びていきます。

相手は「少し上」の人がいい

良きライバルには、尊敬できる相手を選ぶことが大切です。

さらに言えば、自分よりも少しだけ能力が上の人がいいと思います。

自分が今持っている能力を、がんばって5パーセントぐらいアップすれば追いつけるような相手です。

言い換えれば、自分よりもはるかに能力が上の人にしないほうがいいということです。

そんなはるかに能力が上の人には、いくらがんばっても追いつくことはできないからです。

そうなると、自信を失い、やる気をなくしてしまう、ということにもなりかねないのです。

イソップ物語に、「ワシとカササギとヒツジ飼い」という話があります。

ある日、一羽のカササギが、ワシが高い岩の上から飛び立って一頭のヒツジを捕まえて飛び去るのを見ました。

力強い能力を発揮するワシをうらやましく思ったそのカササギは、自分もワシのまねをしようと思いました。

そこでヒツジに飛びかかったのですが、そのヒツジの体は重く、力の弱いカササギにはヒツジを持ち上げて飛び去ることができません。

それでもがんばって羽をバタバタさせていると、そこのヒツジ飼いがやって来て、そのカササギを捕えて羽を折りました。

そこにヒツジ飼いの子供たちがやって来て、「この鳥は何ていう名前なの」と聞きました。

そのヒツジ飼いは、「私には力の弱いカササギに見えるが、こいつは自分を力が強いワシだと思っているようだ」と言いました。

この話は、自分よりはるかに能力がある者に下手にライバル意識を持ってしまうと、結局は自分自身が手痛い経験をすることになる、ということを指摘しています。

言い換えれば、自分よりも少しだけ能力が上である相手がいい、ということなのです。

アドラーが教える「ネガティブなイメージ」の影響

オーストリアの精神科医であり心理学者だった人物にアルフレッド・アドラーがいます。

このアドラーが説いた、いわゆるアドラー心理学に、「自己概念（がいねん）」という言葉があります。

この「自己概念」とは、わかりやすく言えば、「人が、自分自身に対して抱いているイメージ」という意味です。

アドラーは、**「自分を変えたいと思うのであれば、この自己概念、つまり自分自身に対して抱くイメージを変えることが大切だ」**と説きました。

このアドラーの「自分自身に対して抱くイメージを変える」という考え方は、「どのようにして自分が持っている力を出し切るか」ということを考える上でも参考になるものがあると思います。

たとえば、**「今一つ、仕事へのやる気が出ない」「自分の力を出し切れない」という悩み**

を持つ人は、恐らくは、自分自身に対してあまり良いイメージを持っていないのではないでしょうか。

例を挙げれば、「私は、努力しても、どうせ報われない人間だ」「私には運がない」「私は平凡な人間だから、成功者にはなれない」といったようなネガティブなイメージを持っているのではないかと思います。

自分自身にこのようなネガティブなイメージを持っていると、本当はすばらしい能力を持っているとしても、その力を十分に発揮できなくなります。

従って、そのような自分を変えて、もっと充実した人生を実現したいのであれば、自分に対するネガティブなイメージを、もっとポジティブなものに変えることが重要です。

たとえば、「私は大きなことを成し遂げられる人間だ」「私には大きな可能性がある」「私は幸せに恵まれた人間だ」といったようなポジティブなイメージを持つように心がけるのです。

そうするだけでも、もっといい方向へと、自分を変えることができます。持っている力を存分に発揮できるようになります。

楽しい願望が「自分へのいいイメージ」を作り出す

自分への良いイメージを持つことで、自分の人生をもっと幸せなものへと変えていくことができます。

自分への良いイメージを持つには、「楽しい願望を持つ」ということが大切です。

たとえば、

「自分のアイディアを生かしたビジネスをどんどん手がけていき、充実した自己実現をはかっていきたい」

「今の仕事で活躍して、ゆくゆくは独立して、自分で大きな事業を手がけてみたい。ビジネスの世界で成功者になりたい」

といった願望です。

そのような楽しい願望を持つことで、「自分のアイディアを生かしたビジネスで、イキイキと、やる気を持って仕事をしている姿」をイメージすることができるのです。

あるいは、「自分で手がけた事業で、先頭に立って多くの人たちをリードしながら活躍している姿」というポジティブなイメージを持つことができるのです。

仕事や人生について、このような楽しい願望がない人は、残念ながら、自分についての良いイメージを持つことができません。

楽しい願望がない人は、自分自身に対して、たとえば、「10年後も、今と変わらず、しがない生活を送っている自分の姿」といったイメージしか持てないのです。

また、「会社の中で窓際に追いやられて、肩身の狭い思いをしている自分の姿」をイメージしてしまう人もいるかもしれません。

このようなネガティブなイメージを自分に持ってしまったら、たとえすばらしい能力を持っている人だったとしても、その力を出し切れずに終わってしまう可能性もあります。

そのような意味で言えば、常に、楽しい、喜ばしいポジティブな願望を持つのが賢明だと思います。

その願望が自分自身への良いイメージを作り出し、そして、それが、持っている能力を出し切ることにもつながります。

「悪いイメージを持ちながら解決」は誰にもできない

仕事で、何か大きな問題に直面したとします。

その時、自分自身への良いイメージを持つことができる人がいます。

たとえば、「その問題を、自分が強いリーダーシップを発揮して、見事に解決していく」といったイメージです。

また、「自分がその問題を見事に解決して、その先にある、新たなるチャンスへ向かって力強く歩き出していく」というイメージです。あるいは、「みんなから称賛され、上司からも高く評価されている」といったイメージです。

仕事の問題に直面した際に、このようなポジティブなイメージを抱くことができる人は、前向きな気持ちで問題解決へ向けて行動を起こすことができます。

また、実際に、自分が持っている能力を１００パーセント発揮して、その問題を乗り越えていくことも可能です。

一方で、大きな問題に直面した時に、悪いイメージを持ってしまう人もいます。

たとえば、「その問題を解決することができずに、結局は、社内での自分への評価が低下していってしまう」といったイメージです。あるいは、「周りの人たちから『あの人は頼りにならない』という烙印(らくいん)を押されてしまう」といったイメージです。

このような悪いイメージを持ってしまうと、その問題解決に向けて気持ちが後ろ向きになっていくばかりです。

自分が持っている能力も存分に発揮することができないでしょう。

「どうせダメだ」と、初めから投げやりになってしまうからです。

人というのは、往々にして、難しい問題、やっかいな問題に直面した時、自分に対してこのような悪いイメージを抱いてしまいがちです。

しかし、悪いイメージを持ちながら、見事に解決することなど不可能です。

意識して良いイメージを抱くようにすることで、持っている能力を存分に発揮できますし、その問題を解決することも可能になるのです。

職場に良いイメージを持つ

アドラー心理学に、「世界像」という言葉があります。

この「世界像」とは、わかりやすく言えば、「自分が今仕事をしている会社や、生きている社会に対して抱くイメージ」ということを意味しています。

この世界観、つまり、自分が今仕事をしている会社や、生きている社会に対して良いイメージを持つということも、自分自身の生き方を変える一つのきっかけになります。

良い世界観を抱くことで、自分の人生も良い方向へと変えていくことができるのです。

しかし、一方で、仕事をしている会社や、生きている社会に対して悪いイメージを持ってしまうと、それに伴って、自分の人生も悪い方向へと傾いていってしまいがちです。

そうなると、せっかくすぐれた能力を持っている人であっても、その力を存分に発揮できずに、欲求不満を溜め込んでしまうことになりかねません。

たとえば、自分が仕事をする会社について、

「上層部は、ものわかりの悪い人たちばかりだ。社風も暗く、待遇も悪く、同僚たちもみんなダメな人間ばかりだ」といったような悪いイメージを持ってしまったとします。

そのとたん、その人は、その会社で、「自分の持っている力を出し尽くして、一生懸命がんばっていきたい」などという意欲は持てなくなってしまうでしょう。

それどころか、「やってられない」と投げやりな気持ちになってしまって、怠けてばかりいるようになってしまうと思います。

そして、もしそのような状態になってしまったら、その人自身の人生も上向いていくことはなく、むしろ運勢は停滞することになるでしょう。

もちろん会社に何かしらの不満を持っている人は多いと思います。しかし、それはいったん横に置いておいて、自分がいる会社には良いイメージを持つほうが賢明です。

「この会社は、成功の見込みのあるビジネスであれば、積極的に後押ししてくれる。働きがいを持てる会社だ。同僚や上司たちも、すばらしい」といったようにです。

そういう良いイメージを持ってこそ、「力を尽くして、がんばろう」という意欲も生まれますし、そこで活躍すれば、自分の人生も良い方向へと上向いていくのです。

今の会社を「自分の夢を叶える場所」とイメージする

「アメリカンドリーム」という言葉があります。

アメリカでは、出身地や家柄などに関係なく、能力があり、一生懸命に努力すれば、大きな富や名声を得ることができます。

そういう意味で、「アメリカには、夢がある。アメリカへ行けば、夢が叶えられる」ということを言い表した言葉です。

もちろん、実際には、アメリカにも色々な社会問題があります。人種が多いので差別もあります。貧富の格差もあるでしょう。

しかし、多くの人たちが「アメリカンドリーム」という良いイメージを胸に抱いてアメリカへ行きます。そして、自分が持っている能力を存分に発揮して、大きな成功をつかむ人が多くいるのも事実なのです。

自分が今仕事をしている会社にも、そのような「ドリーム」があることを信じることが大切です。

「この会社は、私の夢を叶える場所だ」

「私に、大きな成功のチャンスをもたらしてくれるだろう」

といった「ドリーム」を持つのです。

それでこそ、その会社に良いイメージを持つことができます。

そして、「ベストを尽くして、がんばろう」という強い意欲も生まれてきます。

実際に、持っている能力を発揮して、活躍することもできるでしょう。

その会社にも、もちろん、「アメリカ」という国と同様に、様々な問題があると思います。

しかし、**細かい問題に意識を奪われるのではなく、もっと広い視野に立って、大きな良いイメージを持つことが大切なのです。**

それでこそ、能力を発揮して活躍できます。

そして、その活躍からステップアップして、もっと条件のいい他社に転職したり、自分で事業を始めたりする、ということも可能になるのです。

しかし、今いる会社に悪いイメージを抱いたままでは、そのように自分の人生をステップアップさせていくことはできないと思います。

5章のまとめ

◇ 自分を変えたければ、ポジティブな人とつき合う。

◇ 刺激しあえる人（良いライバル）がいる人は強い。

◇「あなたの短所を攻めるのが敵。長所を認めるのがライバル」（斎藤茂太）

◇「自分を変えたいなら、自分に対して抱くイメージを変えることが大切」（アドラー）

◇「10年後も今と同じしがない生活をするしかない自分」というイメージでは、やる気も出ないし力も発揮しにくい。

◇ 自分自身に対してネガティブなイメージを持ちながら、問題を見事に解決するのは無理。

◇ 自分だけでなく、会社や社会にも良いイメージを持つことが大事。

memo

6章

メンタルを強めることで あきらめない人になれる

気持ちを落ち着かせる「セルフ・トーキング」

スポーツ心理学に、「メンタル・トレーニング」という言葉があります。

これは、「精神的に強くなるためのトレーニング法」という意味です。

たとえば、「本番に弱い」という人がいます。

すばらしい能力があり、ふだんは精力的に仕事をしているのですが、重要な商談や、多くの取引先を集めた商品説明会など、ここ一番の大事な「本番」で、ガチガチに緊張してしまったり、弱気になってしまい、持っている力の半分も発揮できないまま終わってしまう、ということがあるのです。

このような「本番に弱い」というタイプの人は、言い換えれば、「メンタルが弱い」ということだと思います。

従って、このメンタルを強くするトレーニングを行うことによって、本番に強い人間へと生まれ変わることができるのです。その結果、重要な場面で持っている力を存分に発揮して、活躍できるようになるのです。

「メンタルが弱い」というタイプの人の意識の持ち方の特徴の一つに、「失敗を怖れすぎる」ということが挙げられます。

「商談がうまくいかなかったら、どうしよう。上司から怒られるだろうな」

「商品説明会でドジな失敗をしたら取り返しがつかない。社内でも評判もガタ落ちになってしまう」といったことを、必要以上に心配しすぎてしまうのです。

そのために「絶対に失敗できない」という強迫観念のようなものにとらわれて、ガチガチに緊張してしまうことになるのです。

このような「失敗を怖れる」という傾向をやわらげるトレーニング法の一つに、「セルフ・トーキング」があります。

「自分で自分に言葉をかけて言い聞かせる」ということです。

緊張感をやわらげるような言葉、たとえば、「だいじょうぶ」「きっと、うまくいく」「落ち着いて」といった言葉を、夜眠る前や、商談の前に、自分で自分にかけてみるのです。

そうすることで、失敗を怖れる気持ちがやわらぎ、余計な緊張感が取れていきます。

そして、持っている能力を発揮できるようになるのです。

セルフ・トーキングで忍耐力が身につく

イギリスの大学で、次のような実験がありました。「セルフ・トークキング」の効用についての実験です。

何人かの健康な男女にランニングマシーンに乗って運動してもらいました。まず、およそ8割の力で走ってもらい、限界を感じたところで走るのをやめてもらい、その走行距離を測定しました。

その日以降、この人たちを二つのグループに分けて、毎日、一定の時間、ランニングマシーンに乗って運動してもらうことにしました。

その際、一つのグループでは、「がんばろう」「まだまだ行ける」「調子がいいぞ」といったセルフ・トークキングを行いながら走ってもらいました。一方、もう一つのグループでは、まったくセルフ・トークキングを行わずに走ってもらいました。

そして、2週間後、もう一度、およそ8割の力で走ってもらい、限界を感じたところで走るのをやめてもらい、その走行距離を測定しました。

その結果、2週間ほど、セルフ・トークキングを行いながらランニングマシーンに乗って運動したグループの人たちのほうが、平均して走行距離が延び、疲労を感じる度合いも少なかった、という結果が得られたと言います。

この結果は、セルフ・トークキングを行うほうが、体力の向上が速かったことを示しています。

単純に体力が向上しただけではなく、セルフ・トークキングを行うほうが、精神的な粘り強さ、苦しい状況についての忍耐力も向上したことを示しているように思います。

このことは、もちろん、仕事にも役立つでしょう。普段、仕事をしている中で、仕事をしんどく感じたり、やる気が出ない、という時があると思います。

そのような時、自分を安心させ、また、自分を励ますような言葉を自分自身にかける習慣を持つのです。

そうすることで、仕事への粘り強さや、忍耐力が向上します。その結果、仕事で大いに自分の力を発揮できるのです。

ポジティブな言葉を「書き出す」習慣

「セルフ・トーキング」とは、「自分で自分自身に言葉をかけること」です。

この「言葉をかけること」とは、実際に声に出してする方法もありますし、また、声には出さずに心の中で自分に言葉をかけるという方法もあります。

実際には、「心の中で自分に言葉をかける」ということは、普段誰でも日常的に行っていることです。

人は、心の中で、色々な言葉をかけながら普段暮らしているのです。

そういう意味で、注意しなければならない点もあります。

というのも、人は無意識のうちに、ネガティブな言葉を自分にかけてしまっている場合も多いのです。

たとえば、「どうせダメだ」「うまくいかないに決まっている」「私は力不足だ」といったネガティブな言葉を、知らず知らずのうちに自分にかけているのです。

このようなネガティブな言葉を自分にかけてしまうと、そのセルフ・トーキングが悪い意味で影響することになります。

つまり、自信を失ったり、怖気（おじけ）づいたりして、せっかくの能力をかえって発揮できなくなってしまうのです。

そういう意味では、いつも強く意識して、ポジティブな言葉を自分にかけるようにすることが大切です。

たとえば、「だいじょうぶ」「うまくいく」「私なら、できる」といったポジティブな言葉です。

ポジティブな言葉を「強く意識する」という意味では、自分を励まし勇気づける言葉をノートや日記などに「書き出す」ということも有効な方法の一つになります。「書き出す」ということによって、より意識の深いところに習慣として浸透していくのです。

従って、いつも持ち歩くスマホや手帳にポジティブな言葉を書き出したり、あるいは、家に帰ってから自分を励まし勇気づける言葉を書き出してもいいでしょう。

そのような習慣が、メンタルを強くし、力を出し切ることにつながります。

ポジティブな言葉をかけてくれる人を身近に置く

ある女子マラソンの世界で活躍した選手に、次のような話があります。

彼女は、もともと、どちらかというとマイナス思考だったようです。自分に自信がなく、ともすると、「私はダメだ」「どうせ活躍できない」といった言葉を頭に思い浮かべてしまうタイプだったのです。

しかし、だんだんと生まれ変わっていきました。

自分が持っている能力を存分に発揮できるようになり、マラソン大会でも優勝できるほどになったのです。

彼女にそんな変化をもたらしたのは、あるコーチとの出会いがきっかけでした。

そのコーチは、いつも彼女に、ポジティブな言葉をかけていたのです。

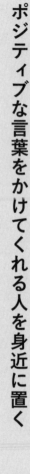

「君には、すごい能力がある」

「君なら、必ず活躍できる」

「すばらしい走りだ」

といったポジティブな言葉をいつもかけて励ましていたのです。

そして、彼女は、コーチからかけられるそのようなポジティブな言葉を聞きながら、自分自身でもだんだんと「私には、すごい能力があるのかもしれない」「私は、きっと活躍できる」「私は、すばらしい走りをしている」と考えられるようになったのです。

それが、大きな自信となって、彼女の潜在意識の中に入り込んでいきました。

その結果、マイナス思考ではなく、プラス思考で物事を考えられるようになったのです。

そして、本来彼女が持っていた能力を存分に発揮して、活躍できるようになりました。

セルフ・トーキングばかりではなく、他人からかけられるポジティブな言葉であっても、自分には良い影響をもたらします。

そういう意味では、いつもポジティブな言葉で自分を励ましてくれたり勇気づけてくれる人を身近に持っておくことも、メンタルを強くし、持っている力を出し切って生きていくコツになります。

そのような、良き友人、良き仕事の同僚や先輩や上司、あるいは、良き相談相手を作っておくことが大切です。

失敗に「プラスの意味」を見つけて、心を強くする

過去の失敗を「心の傷」「嫌な思い出」として、いつまでも引きずってしまう人がいます。

そのようなタイプの人は、たとえやりがいのある重要な仕事を任されたとしても、素直に喜ぶことができません。

「全力を出して、やってやるぞ」と、強い意欲を持つこともできません。

過去の失敗を引きずるタイプの人は、往々にして、「また同じ失敗を繰り返すことになるのではないか。そして、また、上司から叱られることになると思う」と、怖気づいてしまうことになるのです。

そのために、自分が持っている力を存分に発揮することができません。

そして、結局は、心配していた通り、過去の失敗と同じような失敗を繰り返してしまうことになりやすいのです。

このような悪循環におちいらないために大切なことは、「失敗する」ということについ

ての意識の持ち方を変えることとです。

過去の失敗をいつまでも引きずってしまいやすい人は、失敗というものに対して、「嫌なこと」「恥ずかしいこと」「情ないこと」というネガティブな意識を持ってしまいがちです。

確かに、失敗は、マイナスの出来事かもしれません。喜ばしい出来事ではないかもしれません。しかし、その失敗という経験を「心の傷」として引きずってしまわないためには、その失敗について「プラスの意味」を見つけ出すことが大切です。たとえば、「失敗したおかげで、いい勉強になった。成長できた」「失敗を経験したことで、謙虚な気持ちになれた」といったようにです。

このように「失敗する」ということにプラスの意味を見つけ出すことで、その失敗を「心の傷」として引きずってしまうことを防げるのです。

さらに、その後、新しいチャンスが訪れた時には、「名誉挽回(ばんかい)だ」と前向きな気持ちで全力を出し切ることもできるのです。

失敗にプラスの意味づけをする習慣を持つことも、心を強くするメンタル・トレーニングの方法の一つとして有効です。

上司から叱られたら「チャンス」ととらえる

仕事のやり方や実績について、上司から厳しく叱られてしまうことがあると思います。その際、メンタルの弱い人は、「私は上司から嫌われてしまった。私は『仕事ができない』というレッテルを貼られてしまった」と考えて、落ち込んでしまうでしょう。そして、その後は、自分の持っている力を発揮できないまま終わってしまうケースも多いのです。

しかし、メンタルが強い人は、上司から厳しく叱られたとしても、そこで、めげることはありません。

むしろ、叱られたことを発奮材料にして、「全力を出して、良い成果を出して、上司を見返してやる」と考えることができます。

このように、叱られることを発奮材料にできる人には、きっと、「叱られることは、チャンスだ」という意識があるのではないでしょうか。

実業家で、堀場製作所の創業者である堀場雅夫は、「叱られることもチャンスである。次は期待に応えられるように努力しよう」と述べました。上司が厳しく叱るのは、その部下に「この人には、もっと成長してほしい」と期待しているからなのです。

従って、叱られてもめげることなく、その上司の期待に応えるために、気合いを入れ直して全力で仕事に当たることが大切です。

そして、叱られた後にすばらしい活躍を見せることができれば、その上司からなお一層「ちょっとやそっとではへこたれない、見どころのある人間だ」と、高く評価されるようになるのです。

そして、さらに重要な仕事、やりがいのある仕事を任されるようになると思います。

そういう意味では、「上司から叱られるのは、チャンス」なのです。

メンタルが弱いという人は、そのように「叱られる」ということを「上司から嫌われた」とか「『仕事ができない』というレッテルを貼られた」と考えるのではなく、「ここで全力でがんばって名誉挽回すれば、上司からさらに高く評価されるチャンスだ」と考えるほうがいいと思います。

そのような意識の持ち方をしていくことで、メンタルも強くなっていきます。

折れない人が身につけている「合理化」

昔、飲料メーカーのテレビ・コマーシャルに、次のようなセリフがありました。

「怒られていると思うのか、教わっていると思うのかは、自分次第だ」というものです。

仕事で失敗して、上司から怒られたとします。「上司から怒られた」ということは紛れもない事実なのですが、その人の意識の持ち方次第では、「上司から教わった」と認識することもできるのです。

すなわち、「上司から、私の欠点を教えてもらった。だから、その欠点を克服して、さらに成長していこう」と考えることもできます。

あるいは、「上司から、賢い仕事のやり方を教えてもらった。これで私の仕事のやり方は向上する。ありがたい」と考えることもできるのです。

そして、このように「教わっている」と考えることができれば、上司から怒られた嫌な思いを引きずることはありません。

怒られたことをきっかけにして、さらに一生懸命になって仕事に持っている力を注ぎ込んでいけるようになるのです。

心理学に、「合理化」という言葉があります。

この「合理化」には、「自分にとっては不都合な経験を、意識の持ち方を変えることによって、『これは、自分にとって有益なことだった。こういう経験をすることは、良いことだった』と考えること」という意味があります。

上司から怒られたことを、「上司から教わった」と考えることも、まさにこの「合理化」と呼ばれる意識の働かせ方なのです。

メンタルが強く、少々辛いこと、悩ましいことがあっても、それにへこたれることなく、力強く仕事をしていく人には、心の習慣として、この「合理化」と呼ばれる意識の働かせ方をしている人が多いものです。つまり、

「叱られて良かった。なぜなら、いいことを教わったからだ」

「失敗して良かった。なぜなら、いい勉強になったからだ」

といったように、マイナスの出来事をプラスの経験に転化することが上手なのです。

「合理化」と呼ばれる意識の働かせ方を習慣化することで、メンタルが強くなります。

自分を責めるより、開き直ったほうが力を出せる

仕事の場では、「自分が望まない結果が出る」ということがよくあります。

たとえば、成功を望みながら、大失敗に終わってしまう、ということもあるでしょう。うまくいくと安心していたのに、実際には、色々なトラブルに見舞われてスムーズに物事が運んでいかない場合もあるのです。

そのような時、強いメンタルの力を発揮して、そんな望んでいなかった状況を乗り越えていくことができる人がいます。

しかし、一方で、メンタルが弱く、自分が望んでいなかったような状況に直面すると、たちまち自信を失って立ち往生(おうじょう)してしまう人もいます。そのようなメンタルが弱い人の特徴の一つに、「自罰傾向が強い」ということが挙げられます。

この「自罰傾向」とは、「うまくいかない原因が自分にあると考え、自分を責める心理傾向」という意味です。

自分が望んでいない状況になってしまった原因は、必ずしも自分にはないかもしれませんし、社会の動向が影響したのかもしれませんし、誰かの失敗に自分まで足を引っ張られてしまったのかもしれないのです。

それにもかかわらず、この「自罰傾向が強い」というタイプの人は、そこで、

「私の能力が足りないから、大失敗してしまった」

「私の努力が足りないから、物事がうまく運ばない」

と、その責任を自分ですべて背負って、自分を責めてしまう心理的傾向が強いのです。

もちろん、強い責任感を持ち、反省的な意識を忘れずに仕事をすることは大切でしょう。

しかし、必要以上に自分を責めてしまうと、そのことで自信を失い、かえって「全力で、がんばろう」という意欲を失わせてしまうことになりやすいのです。

そういう意味では、自分の望みとは逆の状況におちいったとしても、そのことであまり自分を責めないほうが得策です。

むしろ、いい意味で、「しょうがない」と開き直ってしまうほうが、「望んではいなかった状況」を乗り越える力がわいてきます。

メンタルが強い人は、上手に開き直ることができるのです。

メンタルが強い人は、上手に開き直る方法を知っている

「開き直る」ということには、一般的には、あまりいい意味はないように思います。「投げ出す」「努力を放棄する」といった意味に理解している人も多いと思います。

しかし、プロ野球の世界で、打者として長年活躍してきた人物は、「開き直ることは、必ずしも悪いことではない」と言っています。

むしろ、**「いい意味で開き直ることで、今自分が持っている力のすべてを引き出して、それを燃焼させることができる」**と言うのです。

この元野球選手自身、現役時代は、時に、いい意味で開き直ることで、持っている力を上手に引き出して活躍してきたのです。

スランプにおちいることがありました。なかなかヒットやホームランを打てない時期が、長く続いてしまったのです。

彼のようなすぐれた能力を持つバッターであっても、時に、そのようなスランプにおち

いってしまうことがあるのです。

その時は、いくら練習しても、バッティングの工夫をしても、なかなかヒットやホームランは出ませんでした。

そのために、彼自身、深く思い悩んでしまうことになったのです。

そのような時、彼は、いい意味で開き直り、

「どうしてもヒットやホームランを打ちたい。スランプから早く脱出したい」という気持ちを忘れて、「なるようになる。活躍できなくても、命まで取られるわけではない」と開き直ったのです。

そのように、いい意味で開き直ることで、邪念を捨てられ、無心の状態になれます。

そして、彼は、「無心の状態になった時、自分が持っている能力を爆発させることができた」と言うのです。

そしてヒットやホームランを打って、スランプからも脱出できたのです。

どのような世界であれ、成功者になるためにはメンタルの強さが必要です。

そして、メンタルが強い人は、上手に開き直る方法を知っているのです。

その結果、持てる力を発揮できます。

6章のまとめ

◇ メンタルが弱い人の特徴の一つが「失敗を怖がりすぎる」こと。

◇ 無意識のうちに、「どうせムリだろう」「やってもムダだ」などネガティブな言葉を自分にかけていることも多い。

◇ ふだんから強く意識して、「セルフ・トーキング」をする。ポジティブな言葉を自分にかけたり、書き出す。

◇ ポジティブな言葉をかけてくれる、信頼できる人が身近にいると良い。

◇ 失敗にはマイナスだけでなくプラスの意味もある。それを見つけておくと、引きずらなくなり、心の強い人になれる。

◇ 打たれ強い人は、自分の中で「合理化」ができている。

◇ 必要以上に自分を責めるより、「しかたがない」と良い意味で開き直るほうが、力が湧いてくる。

memo

7章

「プラスのイメージ」が集中力を高める

プラス思考で頭を一杯にすると……

仕事で大きなことを成し遂げるためには、「集中力を高める」ということが大切な要素の一つになります。

高い集中力があってこそ、短時間で効率的に大きな成果を出すことができます。

この集中力が低い人は、ダラダラと長い時間をかけて仕事をするばかりで、あまり大きな成果を出すことはできないのです。

集中力が高まった状態を、心理学では「ゾーン」と呼びます。

よく野球で、「ピッチャーの投げたボールが止まって見えることがある」というような話をする人がいます。これが、いわゆるゾーンに入った時の状態です。

実際には、ピッチャーの投げたボールは、すごいスピードで動いているのですが、集中力が非常に高まった状態にあるので、「まるでボールが止まって見える」のです。

そのように集中力が高まった状態でバッティングをすれば、ヒットやホームランを打つことができます。

一般の仕事でも、そのようなゾーンに入ることが可能です。

このゾーンに入ると、精神的にとても落ち着きます。そして、集中力がとても高まるのです。

頭の回転も良くなって、色々なアイディアが次々に頭に浮かんできます。

とても効率的に仕事が運び、大きな成果を上げることができるのです。

今自分が持っている能力の何倍もの力を発揮できます。

では、どのようにすれば、このようなゾーンという状態に入れるのかと言えば、その方法の一つに「プラス思考」があります。

「この仕事は面白い。やりがいがある」「私には、この仕事で活躍する自信がある」「この仕事で成功して、みんなに称賛してもらおう」といったプラス思考で頭の中を一杯にするのです。そうすることで、気持ちが乗ってきて、そして集中力も高まっていきます。そして、ゾーンと呼ばれる状態に入っていけるのです。

その結果、自分が持つ能力を最大限に発揮して、いい成果を出すことができます。

イメージ・トレーニングで、集中力を高める

非常に集中力が高まった状態を心理学で「ゾーン」と呼びますが、このゾーンに入ると、一般的に、次のような体験をすると言われています。

＊仕事をしていることに、大きな喜びを感じる。
＊難しい状況でも、その困難を乗り越えていくことに、楽しさを感じる。
＊気持ちが落ち着き、冷静にものを考えられる。
＊切羽詰まった状況でも、時間の流れをゆっくり感じる。
＊自分への自信が生まれ、何でもできるように思えてくる。
＊やる気が、どんどん生まれてくる。
＊疲労感を、あまり感じない。

そして、自分が持っている能力を最大限に発揮して、すばらしい成果をあげることもできるのです。

このようなゾーンに入るための方法の一つに、「イメージをする」というものがあります。相撲の世界で活躍し大横綱と言われた千代の富士は、取り組みの前によくイメージ・トレーニングを行っていたと言います。

自分自身が対戦相手に力強く勝利する場面を具体的にイメージするのです。対戦相手に勝って、観客から拍手喝采(かっさい)を受けている場面をイメージするのです。

事前に、そのようなイメージ・トレーニングを行うことで、本番へ向かって集中力が高まっていくのです。そして、本番の際は、いわゆるゾーンに入ることができるのです。

つまり、相手の動きがよく見え、冷静に対処でき、また、自分が持っている力を最大限に発揮できたのです。そして、実際に、千代の富士は多くの勝利をおさめたのです。

一般のビジネスマンも、仕事を始める前に、このようなイメージ・トレーニングを行うのがいいと思います。

すなわち、自分が仕事で活躍し、上司からほめられ、みずから自分の仕事に満足している様子をイメージするのです。通勤電車の中で、そのようなイーージ・トレーニングを行ってもいいでしょう。

そうすることで、仕事を始める際には、ゾーンに入ることができます。

頭の中を「いいイメージ」で満たす

アイルランド出身で、主にアメリカで活躍した宗教家であり、また数多くの成功哲学本を書いた人物に、ジョセフ・マーフィがいます。

このジョセフ・マーフィは、「**いいことを思えば、いいことが起こる**」と述べました。

この言葉にある「いいことを思う」とは、具体的にどういうことかと言えば、その一つは「いいイメージを持つ」ということだと思います。

つまり、いいイメージで頭の中を一杯にすると、集中力がどんどん高まっていって、自分が持つ能力を存分に発揮できるようになるのです。

その結果、たくさんの「いいことが起こる」のです。

その意味では、仕事や人生について、いつもいいイメージを持っておくことが大切です。

アメリカの第16代大統領であるエイブラハム・リンカーンも、「**人は幸福になろうと決**

めて、心に幸福のイメージを描くと、そのイメージと同じような幸福が得られる」と述べていました。

リンカーンは今でもアメリカでは多くの尊敬を集める人物ですが、この言葉で、やはり、「いいイメージを持つことの大切さ」について述べているのです。

このリンカーンが生きた時代は、アメリカで南北戦争という内戦が勃発するなどして、必ずしも幸福な時代ではありませんでした。リンカーン自身、苦労の多い人生を歩んだと言われています。

しかし、そのような状況の中でも、「心に幸福のイメージを描く」ということを忘れずに生きていたのです。その結果、リンカーンは、政治家としてアメリカの国家分裂という危機を乗り越えて、アメリカという国をふたたび統一することに成功したのです。

一般のビジネスマンたちも、仕事をしていく中で、苦しいことや辛いことを経験すると思います。

しかし、そのような中でも「心に幸福のイメージを描く」ということを忘れずに仕事をしてほしいと思います。そうすれば必ず、その幸福なイメージは実現するのです。

望んでいることを実現させるために

イメージ・トレーニングとは「事前に良いイメージを持つ訓練をする」ということで、持てる力を存分に発揮して自分が望むことを実現させる心の訓練です。

たとえば、次のような事例があります。

プロ野球の世界で大活躍した選手に、長嶋茂雄さんがいます。長嶋さんが所属していた巨人と、ライバルである阪神の試合が天覧試合になることになりました。天覧試合とは、天皇陛下がご観戦になる試合のことです。当時の後楽園球場には、昭和天皇がおいでになりました。

試合は同点のまま9回裏になりました。そこで長嶋さんに打席が回ってきました。

その際、長嶋さんは、自分の打席が来るのを待ちながら、「ここで逆転サヨナラホームランを打つ。そして、観客の大歓声を受けながら、自分がダイヤモンドを一周する。ホームベースを踏む時にはチームメートたちに迎えられて称賛される」といった良いイメージで頭の中を一杯にしていたと言います。

このようなイメージ・トレーニングを行ったことで、打席で集中力が高まり、実力を最大限に発揮して、本当に逆転サヨナラホームランを打つことができたのです。


また、次のような事例もあります。

バレーボールの2部リーグで、優勝争いをしているチームがありました。

そのチームが、「ここで勝てば優勝でき、1部リーグに昇格できる」という大事な試合に臨むことになりました。

この際、試合が始まる前に、選手同士で円陣を組んで、全員で「この試合に勝ち、監督を胴上げしているところ」をイメージしたと言います。

そうしたところ、選手同士の気持ちが一つにまとまり、全員が持っている力を存分に発揮することができたのです。もちろん、本当に勝利をおさめ、監督を胴上げでき、1部リーグに昇格できたのです。

この二つの事例は、イメージ・トレーニングによって個人の能力を最大限に発揮できる証なのです。

スピーチがうまくなる2つのコツ

ビジネスマンにとっては、多くの人の前でスピーチするという機会が数多くあるものです。たとえば、何かの式典でスピーチする、ということもあるでしょう。

取引先や、業界の関係者を招いたイベントでスピーチをするという場合もあるでしょう。あるいは、社内の部下や同僚などの結婚式に招かれて、そこでスピーチをする、ということもあると思います。

社内の会議の際に、スピーチをするよう求められることもあるでしょう。

そういう意味では、「スピーチがうまくなる」ということも、ビジネスマンとしての評価を上げるための大切な要素の一つなのです。

しかし、中には、「スピーチをする時に、緊張からガチガチになって、言いたいことを十分に言えない。力を発揮できない」と悩んでいる人もいます。

ではどうすれば、緊張せずに、うまくスピーチができるようになるのかというと、その方法として「イメージ・トレーニング」があります。

事前に、本番でスピーチしているところをイメージしながら、声に出して話をしてみる、という方法です。いわば予行演習です。

このイメージ・トレーニングをしておくことで、本番でも力を発揮できます。人前でも緊張せずに、うまく話ができるようになるのです。

このイメージ・トレーニングの効果を上げるにはコツがあります。

一つには、**「できるだけ具体的にイメージする」**ということです。

本番では、どのような場所でスピーチするのか、聞いている人にはどのような人たちがいるのか、といったことを具体的にイメージしながら、話をしてみるのです。本番で着る服で話をしてみてもいいでしょう。具体性がさらに高まります。

もう一つには、**「リラックスした雰囲気で行う」**ということです。

リラックスした雰囲気で行うことで、良いイメージが自分の中に定着しやすくなります。

その意味では、話す直前に行うよりも、夜寝る前にイメージ・トレーニングを行うほうがいいと思います。

集中力が落ちたら、吐く息を意識して深呼吸

集中力を妨げる要因を、心理学で「ディストラクター」と言います。このディストラクターとは、たとえば、「イライラする感情」です。

うまくいかないことがあってイライラしてくると集中力がそがれてしまうのです。

あるいは、「不満」という感情も、ディストラクターの一つです。

会社への不満、上司への不満といったものが大きくなっていくと、やはり、仕事に集中できなくなります。

あるいは、周囲が騒々しいといった状況も、ディストラクターになります。

そのために気が散って、集中力が失われてしまうのです。

そのような際に、ふたたび集中力を取り戻すための方法の一つに深呼吸があります。

今あげたような理由から、もし「仕事に集中できない」という自覚症状が生まれたときには、少し仕事から手を放して深呼吸をしてみます。

その際のコツは、大きく息を吸って、ゆっくりと、少しずつ時間をかけて息を吐き出す、ということです。

人間には、副交感神経というものがあります。

この副交感神経の働きが良くなると気持ちが落ち着いてくるという効果があります。

実は、息を静かに吐き出している時に、この副交感神経の働きが良くなるのです。

従って、ゆっくりと吸い、ゆっくりと長めに息を吐き出すことを繰り返していると、イライラや不満といったものがやわらいで、気持ちが落ち着いてくるのです。

また、周囲が騒々しくても、それがあまり気にならなくなります。

そして、それに伴って、ふたたび集中力も高まってくるのです。

この深呼吸をする際に、軽く目を閉じてもいいでしょう。

その際に、呼吸に意識を集中します。

いわば瞑想をしてみるのです。

瞑想することで、さらに一層副交感神経の働きが良くなります。

スムーズに集中力を取り戻すことができるのです。

音楽を聴きながら、いいイメージを思い描く

スポーツ選手が試合や競技を前にして、イヤホンで音楽を聴いている場面を見かけることがあります。

実は、音楽を聴くことには、集中力を高め、心理学でいうゾーンに入りやすくする効果があるのです。

そういう意味では、会社で働く人たちも、集中力を高め、仕事の上で持っている能力を存分に発揮するために「音楽を聴く」ということを有効に活用するといいと思います。

もちろん、職場で仕事をしている最中に、音楽を聴くことは許されないかもしれません。

今は、音楽のメンタルへの良い効果を期待して、職場にBGMとして音楽を流している職場もありますが、そういうことが許されない場合は、たとえば、会社へ出勤する時に、電車の中でイヤホンで聴く、という方法もあります。

また、お昼休みに、やはりイヤホンで聴く、ということも可能でしょう。

そのような方法で、自分の気持ちが高まり、やる気が出てくるような音楽を聴くのがいいと思います。

そうすることで集中力が高まり、効率的に仕事を進めていけるようになります。

特に、仕事がうまくいかずに落ち込んで、ともすると集中力を失いかけてしまっている、というような時には、いい効果をもたらすと思います。

気持ちが盛り上がり、元気になっていくのです。

気持ちが乱れて、一つのことに集中できないという時も、有効です。

気持ちが落ち着き、集中力が復活するのです。

また、「良いイメージを描きやすくなる」という効果もあります。

元気のいい音楽を聴いていると、自然に、頭の中で「元気よく働いている自分のイメージ」が浮かんでくるものです。

ゆったりとした曲を聴けば、「困難な仕事を、力強く乗り越えていく自分のイメージ」を自然に思い描くことができるのです。

このように、音楽と、イメージ・トレーニングの効果を相乗的に役立てれば、さらに集中力がアップし、実力を出し切ることができるでしょう。

忙しい時ほど上手に休憩をとる

人間の集中力は、長時間続くものではありません。個人差はあると思いますが、集中力が持続するのは、だいだい50分程度だと言われています。

この50分をすぎると、だんだんと集中力が低下してきてしまうのです。疲労感をおぼえるようになって、そのために集中力が落ちるのです。

しかし、低下した集中力をふたたび高めることもできます。

それは、50分程度経った段階で、疲労感をおぼえる前に休憩を取る、ということです。

その場で立ち上がって、リラックスするために、軽く体を動かしてもいいでしょう。

窓から空を眺めて、心を癒すのもいいと思います。

少し時間がある時は、休憩所などへ行って、お茶を飲んでもいいでしょう。

近くのカフェなどへ行くのもいいと思います。

そのように50分程度経ったところで適度な休憩を取るほうが、集中力をダウンさせることとなく、終業時まで力を出し切ることができるのです。

仕事が忙しく、やることが山のようにある時には、人は往々にして、「休憩なんて取る暇はない」と考えてしまいがちです。

そして、50分経っても休憩を取らず、お昼休みも返上して仕事を続ける人もいます。

しかし、そんなことをしていると、ある段階で集中力がガタッと落ち、結局は、仕事が思い通りにはかどらないことになります。

従って、忙しい時こそ、むしろ適度な休憩を大切にするほうが賢明です。

フランスの軍人であり、また、後にフランス皇帝となったナポレオン・ボナパルトは、

「人生という試合でもっとも重要なのは、休憩時間をいかに有効に使うかにある（意訳）」

と述べました。

休憩時間を有効に使って、心を癒したり、気持ちを整理したり、またリフレッシュしたりすることで、「人生という試合」において、高い集中力を発揮できるのです。持っている実力を最大限、発揮できるのです。

従って、ナポレオンは、この言葉で、休憩を取ることが「もっとも重要だ」と指摘しているのです。

余裕がある仕事にも、タイムリミットを

「火事場の馬鹿力」という言葉があります。

これは、「火事場のような切羽詰まった状況では、人は驚くような能力を発揮することがある」という意味です。

強い集中力を発揮するために、意図的に、この「火事場のような切羽詰まった状況」をみずから作り出すという方法もあります。

たとえば、時間的な余裕がある仕事でも、自分で「いついつまでに、この仕事を仕上げる」というタイムリミットを設けてみるのです。

人は、時間的な余裕があると、つい安心してしまって、のんびりしてしまいがちです。

従って、自分で「いついつまでに」という締め切りを作るのです。

もちろん、集中して仕事をしなければ達成できないようなタイムリミットを設定するのがいいでしょう。そうやって、みずから自分を「切羽詰まった状況」に追いやってみるの

です。そうすることで、のんびりした気持ちを振り払って、集中力を高めることが可能になるのです。

この際、「仕事を早く終わらせて、余った時間で、じっくりと企画書を書いてみよう」だとか、「余った時間で、今の市場の動向を研究しよう」といった新たな計画を立てておくのもいいでしょう。

もちろん、「仕事を早く終わらせて、早く家に帰って、好きな映画を観よう」といった楽しみを作っておくのもいいと思います。

そのようにして「余った時間を有効に使う計画」を立てることで、それを励みにして、さらに一層集中力を高めることも可能になるのです。

「時は金なり」と、よく言います。

それほど「時間というものは貴重だ」という意味を表した言葉です。

その貴重な時間を、のんびり過ごしてしまうのは、非常にもったいないことです。

従って、「自分でタイムリミットを設定する」という方法によって集中力を高め、効率的により良い結果を出し、仕事の内容を充実させていくことが大切だと思います。

集中力を高めれば、短時間のうちに、自分の力を大いに発揮できます。

「今日が人生最後の日」だと思って事にあたる

仏教に、「一日一生（いちにちいっしょう）」という言葉があります。

これは、仏教の創始者であるブッダの、「未来や過去のことは思わず、今日という日を大切に生きる」という教えを基にして作られた熟語です。

この言葉もある意味、人生にタイムリミットを設けて、みずから自分を「切羽詰まった状況」に追い込むことによって、自分が持つ能力を最大限に発揮するためのコツを説いているとも言えます。

人は、往々にして、怠け心から、今日できることを「明日やればいい」と先延ばしにしてしまいがちです。

そして、そのために無駄な時間を使い、自分が持っている力を十分に発揮しないまま、今日という日を終わらせてしまうことになるのです。

しかし、「一日一生」という言葉には、「明日という日はない」という意味も含まれてい

ます。

つまり、今日という日が自分の人生の最後の日になる、と考えることなのです。

従って、明日という日はないのです。

そのように自分自身で思い込み、自分をそのような切羽詰まった状況を追い込むことによって、「悔いがないように、今日という日を全力を尽くして生きよう」という意欲が強くなります。

そして、「今日できることは、今日という日の中で精一杯やろう」という思いが強くなるのです。

もちろん、人生は、明日以降も続きます。

明日以降の仕事のスケジュールも組んであるでしょう。

しかし、心のどこかで「一日一生」、つまり「私の人生には、今日という日しかない」と意識しておくのです。

そうすることで、自分の力を最大限引き出すことができるのです。

仕事の生産性を上げ、また、効率的に仕事を進められるようになり、その結果、すばらしい成果も得られるようになります。

目標を宣言することで、やる気を高める

みずから自分を「切羽詰まった状況」「逃げ場のない状況」に追い込んで、そのことによって自分が持っている力を最大限に発揮する方法の一つに、「自分の目標を、みんなに宣言する」というものもあります。たとえば、

「30歳までに、結婚する」
「今年度中に、この企画を実現する」
「今月は、この実績を必ず達成する」

といった目標を持っていたとします。

その目標を自分の中だけに留めておくのではなく、職場の同僚や、あるいは友人、家族などに「宣言する」のです。

そうすることで、「宣言したことを、必ずやり遂げなければならない」という意識が強まるのです。

もし宣言したことを達成できなかったら、職場の同僚や友人、家族などに軽蔑され、笑われてしまうかもしれません。

「そんな恥をかきたくない」という思いから、「全力を出して、がんばらないといけない」という思いも増していくのです。

そういう意味で、この「みんなに宣言する」ということは、みずから自分を「切羽詰まった状況」「逃げ場のない状況」に追い込むということになるのです。

そこに、いい意味での、精神的な緊張感が生まれます。

そして、それが、自分が持つ力を最大限に発揮するということにもつながるのです。

人間は、「言葉にして言ったこと」と「自分の取るべき行動」を一致させようという心理が自然に働くものです。

また、「言ったことを、その通りに行動し実現させる人間」は、周りから高く評価されるという一般的な認識もあり、「自分もそのような、評価の高い人間になりたい」という意欲も自然にわいてきます。

そういう意味で、この「みんなに宣言する」という方法は、モチベーションを高め、持っている力を引き出すために、とても効果的なのです。

7章のまとめ

◇「この仕事はおもしろい」「私ならできる」と、プラスのイメージで心を満たすと「ゾーン」に入りやすくなる

◇「いいことを思えば、いいことが起こる」
（マーフィ）

◇ イメージ・トレーニングとは「事前に良いイメージを持つ訓練」。個人でもチームでも活用できる。リラックスした状態で、具体的にイメージするのがコツ。

◇ 息をゆっくり吐く深呼吸で、ディストラクター（イライラなど）に強くなる。

◇ 音楽には「集中力を高めてゾーンに入りやすくなる効果」、「良いイメージを描きやすくなる効果」がある。

◇ 疲れていなくても50分たったら休憩する。

◇「人生という試合でもっとも重要なのは、休憩時間をいかに有効に使うかにある」
（ナポレオン）

◇ 締め切りを決められていなくても、自分で「いつまでにやる！」と期限を切る。

◇「目標を公言する」は、モチベーションを高めるのに効果的。

memo

8章

「今」に集中すると好調がつづく

「好不調の波が激しい人」が大成しない理由

「好不調の波が激しい」というタイプの人がいます。

好調の時は、いいのです。意欲満々で、精力的に仕事を進めていくことができます。

すばらしい能力を発揮して、大きな成果を次々にあげます。

しかし、そのような好調の時期は長くは続かないのです。ある時期からは一転して、不調になってしまいます。

すると、まったくやる気をなくして、仕事に対して消極的になってしまいます。

もちろん、仕事の成果も出なくなります。

ふてくされて、時間を無駄に過ごすようになってしまう人もいます。

このような「好不調の波が激しい」というタイプの人は、長い目で見ると、大成することは少ないようです。

好調の時は周り人たちから注目されるかもしれませんが、やがては「あてにならない人」

「期待を裏切る人」として見捨てられてしまいます。

そのために、一時的に注目されることはあっても、大きなことを成し遂げられずに終わってしまう場合も多いのです。

言い換えれば、仕事で成功できる人というのは、「好不調の波が小さい」というタイプの人であると思います。

コンスタントに、いつも安定して、能力を発揮できる、というタイプの人です。

このような人が、周りの人たちに安心感を与え、また周りの人たちから信頼され、大きなやりがいのある仕事を任せられることになるのです。

そして、それを大きなチャンスとして、成功をつかみ取っていくこともできます。

そういう意味では、「一時期に爆発的な力を発揮する人」よりも、「コンスタントに力を発揮していく人」を目指すほうが賢明だと思います。

それが、仕事の場で成功する大事な条件です。

また、充実した生き方を実現し、自分の人生に満足して生きていくためのコツになると思います。

努力は「性格の強さ」に優る

大正から昭和時代にかけて活躍した宗教家に、住岡夜晃という人物がいます。若い頃に、浄土真宗の親鸞の影響を強く受け、その後はみずから宗教団体を創設して活躍しました。

この住岡夜晃が作った詩に次のようなものがあります。

「青年よ強くなれ。牛のごとく、象のごとく、強くなれ。
真に強いとは、一道を生きぬくことである。
性格の弱さ悲しむなかれ。性格の強さ必ずしも誇るに足らず。
念願は人格を決定す。継続は力なり。
真の強さは正しい念願を貫くにある」

（『讃嘆の詩・上巻』樹心社より一部抜粋）

実は、「継続は力なり」という有名な格言は、この住岡夜晃のこの詩から引用されたものだと言われています。

この詩は、「物事に成功するには『性格の強さ、弱さ』といったものは関係ない」ということを指摘しています。

この「性格の強さ、弱さ」とは、この場合、言い換えれば、「我が強い、弱い」という意味に理解できると思います。

つまり、成功できるかどうかということは、「自分の我を強く押し通す」ということは関係ない、と言っているのです。

むしろ大切なのは、「『こういうことをしたい。こういう自分になりたい』という念願を持ち、そして、その念願を叶えるために努力を継続する」ということなのです。

そして、努力を継続することで、「真の強さ」が生まれるのです。

まさに「牛のごとく、象のごとく」、強い力を持って、自分の人生を念願の実現へ向かって押し進めていける、ということなのです。

仕事において成功するにも、まず大切なのは、努力を継続することによって身についていく「真の力」なのです。

感情の起伏が激しいと好調も長続きしない

「好不調が激しい」という人は、言い換えれば、「感情の起伏が激しい」という人であると思います。

その時々の感情に流されやすいのです。

人間は、まさに感情の生き物です。

その時その時によって、感情が移り変わっていきます。

気分が乗って、何事にも精力的に取り組んでいける時もあります。

しかし、ちょっとしたきっかけで、落ち込んだり、やる気がなくなってしまうことになります。

それどころか、何の理由もなく、物事を面倒に感じたり、嫌気が差してきてしまうのが、人間なのです。

特に、感情に流されやすい人は、好不調が激しくなりやすいのです。

このようなタイプは、継続力がありません。ある目標に向かって、コツコツと努力を続けていく力がないのです。

そのために、目標を達成することはできませんし、成功を手にすることもできません。

成功するには、自分が持っている力を継続的に発揮し続けることが大切です。

そして、そのためには、「感情の起伏をなくす」ということが必要なのです。

感情の起伏をなくすためのコツの一つに、「無心になる」ということが挙げられます。

「無心になる」とは、与えられた仕事に対して「面倒だ」とか「嫌だ」とか「こんな仕事をするのは苦痛だ」といった余計なことを考えず、たんたんと物事を進めていく、ということです。

このように雑念を心から取り払った時、真に自分の実力を発揮できるようになるのです。

また、その実力を継続して発揮していくことができるのです。

では、どのようにすれば、そのような「無心の境地」になれるのかと言えば、それはとにかく、「今やるべきことに集中する」ということだと思います。自分が今やるべきことに没頭するのです。そうすれば無心となれ、また実力を発揮して、いい成果を継続して出せるようになるのです。

無心になって「今」に集中する

昭和の時代に、高校教師を務めるかたわら、詩人やエッセイストとして活躍した人物に、坂村真民（しんみん）がいます。

彼は、時宗の教祖である一遍（いっぺん）の教えや生き方に影響を受け、仏教の考え方をもとにした詩やエッセイを多数書きました。詩に、次のようなものがあります。

「咲くも無心。散るも無心。
花は嘆かず。今を生きる」

「花」には、雑念や邪心といったものはありません。

「無心」で精一杯生きています。無心で花を咲かせます。美しい花を咲かせたからといって、それを自慢したり、いい気になったりする気持ちを起こすことはありません。

また、花が散る時も無心です。

そこで、嘆いたり、落ち込んだりすることはないのです。

そのようにして花は、「今」を精一杯に生きているのです。

坂村真民は、「人間も、そんな花のように無心になって、『今』という時間を全力になって生きていくことが大切だ」と説いているのです。

この「無心になる」とは、言い換えれば、「その時々の感情に振り回されない」ということです。

どのようなことがあっても、落ち込んだり、面倒に思ったり、投げやりな気持ちになったり、あるいは反対に、舞いあがったり、いい気になるのではなく、その時々の感情に振り回されることなく、今やるべきことだけに集中して全力を出していくのです。

そうすることが、人間にとって、もっとも生産的で、充実した生き方につながるのです。

「今に集中する」ということによって、自分が持っている力をすべて出し切り、その結果として、希望ある未来を開いていけるようになるのです。

「難しいこと」に取り組んでいる間に実力は伸びている

実業家で、自動車やオートバイのメーカーである本田技研工業の創業者である本田宗一郎は、「難しいことに取り組み、いろいろ工夫をする。没我というのか、頭の中がカラッポになる。無心になる。この時間が何にもまして楽しいと、僕は思っている」と述べました。

仕事では様々な「難しいこと」に直面することがあります。予定していた通りに商品開発が進まない場合もあるでしょう。売り上げが、思った通りに伸びないこともあります。取引先からの要求に、うまく応えられないこともあります。

そのような「難しいこと」を解決するためだけに集中し、他のことは一切忘れて、無心になって取り組んでいきます。

そのような「無心になって仕事に取り組んでいる時間」は、本田宗一郎のみならず、多くの人たちにとって「何にもまして楽しいこと」なのではないでしょうか。

そして、その楽しい、充実した時間が、自分が持っている能力がもっとも伸び、成長している時間だと思います。

もしかしたら、今、「仕事が楽しくない」と感じている人がいるかもしれません。

そのような人は、とにかく、今自分の目の前にある仕事の「難しいこと」に、無心になって取り組んでみるのがいいと思います。

その「難しいこと」を面倒に思うのではなく、また、嫌がるのではなく、正面から集中して取り組んでみるのです。

そうすれば、その間に、自分の力が成長していくのを実感できるでしょう。

そして、自分の力が成長していくのを実感できれば、それが大きな喜びになります。

また、「もっと自分の力を高めていきたい」と、前向きな気持ちも生まれてきます。

そうなれば、仕事の「難しいこと」に取り組んでいくことも、苦痛ではなくなります。

むしろ、その「難しいこと」に直面することは、自分の力を伸ばすチャンスだと思えてくるのです。

そうすれば、仕事はどんどん楽しくなってくるでしょう。

すべての過ちは焦りから生まれる

仕事おいて、「早く結果を出したい」「早く苦しい状況から脱したい」「急がないと、締め切りに間にあわない」といったように、「焦り」を感じてしまうことがあると思います。

しかし、仕事では「焦り」は禁物です。

気持ちが焦ってしまうほど、平常心を失って実力を発揮できなくなります。

そのために、結果的には、すばらしい結果を出せないまま終わってしまうことになりかねないのです。

苦しい状況からいつまでも抜け出せず、それどころか、かえって状況を悪化させてしまうことになるかもしれません。

また、締め切りにも間にあわず、信用を失う可能性も大きくなってしまうのです。

チェコ出身で、主にドイツ語で小説を書いたフランツ・カフカは、「**人間のあらゆる過ちは、すべて焦りから来ている**」と述べました。

気持ちが焦ってくると、冷静さを失って、自分の実力を出せなくなってしまうばかりではありません。

普段はしないような、不注意な過ちをしてしまうことにもなります。

そして、過ちをおかしてしまえば、それを修正したりするために、余計な労力を使ってしまうことになります。

そのために、結果を出すこと、苦しい状況から脱すること、締め切りに仕事を間にあわせることに、ますます力を向けられなくなってしまうのです。

従って、カフカも、この言葉で、「どんな状況でも、焦らないことが大切だ」ということを指摘しているのです。

それでも気持ちが焦ってきた時には、心の中で、あるいは声に出して、「落ち着こう。冷静に」と自分自身に言い聞かせるのがいいでしょう。

あるいは、今の状況を紙に書き出して整理したり、真っ先にやるべきことをノートに書き出すといいと思います。

それが、気持ちを落ち着かせるコツになります。

他人と比べず、自分ならではのやり方を貫く

職場の同僚たちと自分を比較して、とかく、

「私は、あの人に比べて、全然活躍していない」

「あの人は、私が持っていない才能を持っている」

「あの人のほうが、私よりも、上司から好かれている」

といった考えを持ってしまう人がいます。

しかし、むやみに自分と人を比べてしまうのは良くありません。

それをきっかけに相手に対しての嫉妬や妬(ねた)み、自分に対しての自己嫌悪や劣等感などのネガティブな感情に振り回されてしまうことになりがちです。

そうなると、気持ちが乱れて、仕事に集中できなくなります。

そのために、せっかく持っている実力を発揮できないことにもなるのです。

そういう意味では、自分と他人を比較するのをやめて、自分がやるべき仕事に集中する

ほうがいいと思います。

それが実力を発揮して、いい結果を出すコツです。

結局、そうすることが自分にとってもっとも生産的で充実した生き方につながるのです。

禅の言葉に、**「吾道（わがみち）は一（いち）を以って、これを貫く」**というものがあります。

この言葉にある「吾道」とは、「私の人生は」ということです。

「一を以って」という言葉は、様々な意味に理解できると思いますが、たとえば、

「自分の夢を叶えることだけに全力を集中させて」

「自分ならではは生き方を大切にして」

「自分のやり方を、あくまでも信じて」

といった意味に理解できます。

そして、「これを貫く」とは、「そのような思いを持って生きていく」ということです。

言い換えれば、他人と自分を比較せず、自分らしい生き方、自分の夢を叶える仕事のやり方を貫いていくことが大切なのです。

すなわち、この禅語の「一」には、「自分と他人を比較して悩まない」という意味も含まれているのです。

老子に学ぶ「悪口を言われたときの対処」

職場では、日々、様々な噂話が飛び交っているものです。

そして、時には、「あの人が、あなたの悪口を言っていた」という話が聞こえてくることもあると思います。

そうなれば、悪口を言われた人は、穏やかな気持ちではいられなくなると思います。「私が、どうしてそんな悪口を言われなければならないのか」と、悔しくなりますし、腹も立ってきます。

しかし、そのように感情を乱してしまうのは、賢明なことではありません。

感情が乱れると、仕事に集中できなくなります。持っている力を存分に発揮できなくなって、良い成果も期待できなくなるのです。そういう意味では、たとえ自分の悪口を言う人がいたとしても、あまり気にしないほうがいいのです。

あくまで平常心を保って、悪口のことなど気にせず、自分の仕事に全力を出し切ることだけに集中するほうがいいのです。

古代中国の思想家である老子は、

「世間の人たちから悪口を言われたとしても、気にせずに聞き流せばいい。騒々しい風も一日中は続かず、激しい夕立も一晩中降りはしない。自然の風雨も、そんなものだ。それと同じように、悪口も、いつまでも続くものではない」

と述べました。

騒々しい風も、激しい雨も、やがて収まります。

そして、静かで穏やかな日常が戻ってきます。

そんな自然の法則と同じように、「悪口」というものもいつまでも続くものではないのです。

そのうちに、自分の悪口を言う人などいなくなっていくでしょう。

ですから、あまり気にすることはないのです。

悪口など気にせず、目の前にある自分の仕事に全力を出して、そして良い成果を出せば、自然に、悪口を言う人などいなくなると思います。

「自分を応援してくれる人」は信頼の証

「落ち込む」「面倒だ」「辛い」「嫌だ」といった、その時々の感情に振り回されることなく、継続的に持っている力を仕事に発揮していくためには、「メンター」の存在も重要なポイントになります。

この「メンター」は心理学用語ですが、「支援者」という意味があります。わかりやすく言えば、「良き相談相手」「自分を応援してくれる人」ということです。「感情に振り回されないほうがいい」と言っても、もちろん、職場では辛い思い、嫌な思いをすることもあると思います。

そんな時に、そんな辛い思いや嫌な思いを自分の中に抱え込んでしまうと、そのネガティブな感情に振り回されて仕事に集中できなくなってしまうことになりやすいのです。

一方で、そんな時に、身近にメンター、つまり良き相談相手や自分を応援してくれる人がいると、辛い思いや嫌な思いを上手に解消して平常心を保っていくことができるのです。

そんな良きメンターは、仲がいい友人であってもいいでしょう。

信頼できる上司や先輩も、良き相談相手になります。もちろん家族も、自分を応援してくれる大切な存在です。

仕事で何か感情が乱れるようなことがあった時には、そのような身近な親しい人たちに悩み事を相談してみるのです。

信頼できる人に話を聞いてもらうだけでも、気持ちがスッキリします。乱れていた感情に整理をつけることができるのです。

そして、「色々あるけど、とにかく、自分の仕事を全力でがんばろう」と、上手に気持ちを切り替えることができるのです。

そういう意味では、日頃から、友人や、職場の上司や先輩、そして家族と円満な人間関係を作っておくことが大切です。信頼できる関係を保っておくことが重要なのです。

円満で、信頼できる関係があってこそ、友人や、職場の上司や先輩、そして家族は、自分にとって良き相談相手になってくれます。

つまり、自分を応援してくれる人になってくれるのです。

そしてそのメンターたちは、自分の持っている実力を引き出してくれる人にもなります。

経験を積むと、苦しいときの「力の出し方」がわかる

「感情に振り回されて、自分の力を継続的に発揮できない」という人は、どちらかというと、若く、仕事の経験もまだあまりない人が多いようです。

言い換えれば、一般的に、仕事の経験が長いベテラン社員は、若い人に比べて平常心を保つことがうまく、継続的に自分の力を発揮できるものです。

なぜ、そういうことになるのかと言えば、ベテランと呼ばれる人のほうが、やはり、色々な経験をしているからだと思います。

仕事の上で、辛いこと、難しいこと、苦しいことなど、たくさん経験しているのです。

従って、仕事で何か問題が生じたとしても、そこで戸惑ってしまうことはありません。

過去の経験に基づいて、「こういう場合は、こうすればいい」と、冷静に対処することができるのです。

しかし、若く、経験がない人は、そのように冷静に対処することができません。

その問題に対して、「どうしよう。どうすればいいんだ」と、ひどく戸惑ってしまうのです。そして、感情が乱れて、集中力も失ってしまうことにもなります。

そういう意味では、社会人になって間もない若い人たちにとって、まず大切なことは、「積極的に、前向きに、色々な経験をする」ということにあると思います。

どんなことであっても、嫌がらずに、まずは経験してみることです。

色々な経験を積み重ねていくに従って、苦しい状況になっても、その中で、どのようにして自分の実力を出していくか、コツがつかめてきます。

「嫌だ」「辛い」というネガティブな感情に振り回されることなく、冷静に自分が持っている力を出し切って、その苦しい状況を抜け出す方法を習得できるようになるのです。

たとえベテラン社員になっても、若い頃にそのような様々な経験をあまりしていない人は、やはり、感情に振り回されやすく、自分の力を十分に出し切れないものです。

「経験」は、その人にとって、仕事や人生の大きな財産になります。

そんな「経験」という財産を多く持てば持つほど、自信を持って物事に対処できるようになります。

自信を持てば、自分の力を出し切ることができるのです。

8章のまとめ

◇ 好調と不調の波が大きい人は、長い目で見ると大成しにくい傾向がある。

◇ 主張を押し通すような「我の強さ」は関係ない。「こうなりたい」という願いを持ち、努力を続ける人が成功する。

◇ 感情に流されやすい人は、好不調の波が大きくなりやすい。

◇ 感情的になりやすい時は、「無心になる」ことを意識する。

◇「人間のあらゆる過(あやま)ちは、すべて焦(あせ)りから来ている」(カフカ)

◇「吾道は一を以って、これを貫く」(禅語)

◇「悪口を言われたとしても、気にせず聞き流せばいい(中略)悪口はいつまでも続くものではない」(老子)

◇ これまでにしてきた経験が、「どう打開し、どう持てる力を発揮すればいいか」を教えてくれる。

memo

おわりに

今、心理学で「グリッド」という言葉が注目されています。

この「グリッド」には、「不屈の精神」「ねばり強さ」といった意味があります。

世の中の成功者は、共通して、この「グリッド」という特質を持っていると言われています。

実は、仕事で成功するためには、持って生まれた才能だとか、頭の良さだとか、要領の良さといったものはあまり関係なく、もっとも大切なのは、この「グリッド」だと言われているのです。

つまり、色々な困難に直面しながらも、自分の目標や夢に向かって、あきらめることなく、不屈の精神で、ねばり強く全力を出し続けていくことが大切だということなのです。

本書で述べてきたことは、「一時的な意味での、力の出し方」ではありません。

もっと「長期間にわたって、継続的に、自分の力を出し切っていく方法」なのです。

成功するために大きなことを成し遂げようと思えば、ある程度「長い時間」がかかります。

「ローマは一日にしてならず」という通り、短期間で大きなことは成し遂げられません。長い時間が必要になってくるのです。

当然、その長い時間の間には、壁にぶつかったり、辛い時期があったり、悩み込んでしまうこともあるでしょう。

しかし、そのような困難にかかわらず、不屈の精神で、ねばり強く、持っている力を出し切っていくことで、大きなことを成し遂げられるのです。

植西 聰

本書は青春新書プレイブックスのために書き下ろされたものです

青春新書
PLAYBOOKS

人生を自由自在に活動(プレイ)する

人生の活動源として

いま要求される新しい気運は、最も現実的な生々しい時代に吐息する大衆の活力と活動源である。

文明はすべてを合理化し、自主的精神はますます衰退に瀕し、自由は奪われようとしている今日、プレイブックスに課せられた役割と必要は広く新鮮な願いとなろう。

いわゆる知識人にもとめる書物は数多く窺うまでもない。

本刊行は、在来の観念類型を打破し、謂わば現代生活の機能に即する潤滑油として、逞しい生命を吹込もうとするものである。

われわれの現状は、埃りと騒音に紛れ、雑踏に苛まれ、あくせく追われる仕事に、日々の不安は健全な精神生活を妨げる圧迫感となり、まさに現実はストレス症状を呈している。

プレイブックスは、それらすべてのうっ積を吹きとばし、自由闊達な活動力を培養し、勇気と自信を生みだす最も楽しいシリーズたらんことを、われわれは鋭意貫かんとするものである。

―創始者のことば―　小澤和一

著者紹介

植西 聰〈うえにし あきら〉

東京都出身。学習院大学卒業後、資生堂に勤務。独立後、人生論の研究に従事。1986年（昭和61年）、『成心学』理論を確立し、人々に喜びと安らぎを与える著述活動を開始。1995年（平成7年）、「産業カウンセラー」（労働大臣認定）を取得。

著書にベストセラー『折れない心をつくる　たった1つの習慣』（青春新書プレイブックス）、『職場のイライラをすっきりなくす本』（ウェッジ）、『孤独の磨き方』（毎日新聞出版）などがある。

“持てる力”を出せる人の心の習慣　　青春新書 PLAYBOOKS

2018年8月1日　第1刷

著者　植西　聰

発行者　小澤源太郎

責任編集　株式会社プライム涌光

電話　編集部　03(3203)2850

発行所　東京都新宿区若松町12番1号 〒162-0056　株式会社青春出版社

電話　営業部　03(3207)1916　振替番号　00190-7-98602

印刷・図書印刷　製本・フォーネット社

ISBN978-4-413-21117-8

青春新書 PLAYBOOKS

人生を自由自在に活動する――プレイブックス

ガン、動脈硬化、糖尿病、老化の根本原因
「慢性炎症」を抑えなさい
熊沢義雄
「炎症」の積み重ねが血管や臓器を傷つけている！
P-1100

肺炎は「口」で止められた！
米山武義
「食後」よりも「食前」が大事、食べないときこそ歯磨きが必要…誤嚥性肺炎が4割減った歯の磨き方、口腔ケアの仕方があった！
P-1101

1日1分！血圧が下がる
血管ストレッチ
高沢謙二
玉目弥生
血流がよくなるから高血圧がみるみる正常化！
P-1102

体を悪くする
やってはいけない食べ方
望月理恵子
「朝食に和食」「野菜から先に食べる」「食物繊維たっぷり」…その食べ方、逆効果です！
P-1103

お願い　ページわりの関係からここでは一部の既刊本しか掲載してありません。折り込みの出版案内もご参考にご覧ください。

青春新書 PLAYBOOKS

人生を自由自在に活動する――プレイブックス

一瞬で自分を印象づける！
できる大人は「ひと言」加える

松本秀男

この「ひと言プラスする習慣」で、著者はガソリンスタンドのおやじから外資最大手のトップ営業になりました！

P-1108

伝え方の日本語
その感情、言葉にできますか？

豊かな日本語生活推進委員会［編］

あのとき、これを言えればよかった…！
会話がぜん面白くなる〝言葉の選び方〟

P-1109

「奨学金」を借りる前にゼッタイ読んでおく本

竹下さくら

どこから、いくら借りればいい？いつ、どんな手続きをする？
賢く借りて、返還で困らないための奨学金マニュアル決定版！

P-1110

最強プロコーチが教える
ゴルフ90を切る「素振りトレ」

井上 透

「球を打たないこと」が上達への近道だった!!

P-1111

お願い　ページわりの関係からここでは一部の既刊本しか掲載してありません。
折り込みの出版案内もご参考にご覧ください。

青春出版社のベストセラー

使いたい時にすぐ出てくる!

大人の語彙力が面白いほど身につく本

話題の達人倶楽部[編]

おさえておけば一生役立つ、
「できる大人」の日本語練習帳

あなたの「会話力」に革命を起こす
充実の831項!

ISBN978-4-413-21080-5　本体1000円

お願い　ページわりの関係からここでは一部の既刊本しか掲載してありません。
折り込みの出版案内もご参考にご覧ください。

※上記は本体価格です。(消費税が別途加算されます)
※書名コード(ISBN)は、書店へのご注文にご利用ください。書店にない場合、電話または Fax(書名・冊数・氏名・住所・電話番号を明記)でもご注文いただけます(代金引換宅急便)。商品到着時に定価+手数料をお支払いください。
〔直販係　電話03-3203-5121　Fax03-3207-0982〕
※青春出版社のホームページでも、オンラインで書籍をお買い求めいただけます。ぜひご利用ください。〔http://www.seishun.co.jp/〕